红色文旅融合的规划探索与实践

苏　航　刘小妹　著

中国建筑工业出版社

图书在版编目（CIP）数据

红色文旅融合的规划探索与实践/苏航，刘小妹著
.—北京：中国建筑工业出版社，2021.7
ISBN 978-7-112-26443-8

Ⅰ.①红… Ⅱ.①苏… ②刘… Ⅲ.①革命纪念地－
旅游业发展－研究－中国 Ⅳ.①F592.3

中国版本图书馆CIP数据核字（2021）第159525号

近年来笔者主持并参与了一系列红色旅游规划业务实践：项目地域包括了湖南韶山、陕西南泥湾、湖北红安等国内著名的红色革命圣地。基于上述红色旅游系列规划实践工作，结合对红色文旅的大量案例研究，通过编写本书对红色文旅融合发展的思路与模式进行深入探索，并立足"红色旅游＋乡村振兴""红色旅游＋绿色发展""红色旅游＋全域旅游"三种红色文旅发展模式，以业务实践为例，阐述对红色文旅融合发展的规划思考。本书共6章，包括：红色旅游——并不小众的专项旅游；文旅融合——文化和旅游发展的必然趋势；红色文旅融合的方式——六大路径；湖南韶山——红色旅游＋乡村振兴；陕西南泥湾——红色旅游＋绿色发展；湖北红安——红色旅游＋全域旅游。

本书可供城乡规划、旅游规划及相关专业涉及的各级管理单位、规划设计院、高等院校等的管理人员、技术人员、科研人员以及相关专业人士、学者和学生学习参考。

责任编辑：王华月
责任校对：焦　乐

红色文旅融合的规划探索与实践
苏　航　刘小妹　著
*
中国建筑工业出版社出版、发行（北京海淀三里河路9号）
各地新华书店、建筑书店经销
北京建筑工业印刷厂制版
临西县阅读时光印刷有限公司印刷
*
开本：850毫米×1168毫米　1/16　印张：10¾　字数：196千字
2021年7月第一版　　2021年7月第一次印刷
定价：**158.00**元
ISBN 978-7-112-26443-8
　　　　（37976）

序　言

习近平总书记指出："把红色资源利用好、把红色传统发扬好、把红色基因传承好"。经过多年的推动和发展，2020年9月，国家发改委、文旅部共同下发了《关于公布红色旅游发展典型案例遴选结果的通知》，全国共评选出60个红色旅游发展典型案例，中规院文旅所主持编制规划的湖南韶山、陕西南泥湾、河北西柏坡、四川协兴、山东刘公岛等5地荣列榜单，我们深受工作得到肯定的鼓舞，也感到规划工作的责任重大。

发展红色旅游，要依托红色旅游资源，建设红色旅游景点景区和主题旅游线路，而建设工作的前提是规划。习近平总书记说："规划科学是最大的节约"。如何实现规划的科学呢？需要规划师对相关理论的学习与应用，以及实践过程的验证与总结。文旅所主任规划师苏航和城市规划师刘小妹在红色旅游方面完成了多个国家重点景区规划。他们积10余年工作经验，善于学习思考，勤于总结提高，共同编写了《红色文旅融合的规划探索与实践》。

红色旅游是主题鲜明的特色专项旅游。本书紧紧抓住"爱国主义教育基地"这个中心任务，同时以文旅融合的创新思路，市场需求的发展导向，"利用好、发扬好、传承好"的总体要求，将发展定位、旅游策划与空间规划合于一体；红色旅游景区规划与地方发展规划、城乡国土空间规划相互衔接；旅游规划的规范要求与景区差异的针对性策略相互兼顾，还特别注重行业趋势的分析预判、国内外成功案例的借鉴吸收和新技术新方法的应用。其规划成果取得了很好的实施效果，总结的"红色文旅＋"三种发展模式也成为红色旅游景区发展的成功经验。

本书既有红色旅游经典景区规划实践的精要介绍，又有规划实践基础上的理论总结，对红色旅游规划以及文旅行业从业人员、行业主管部门和相关人员是有较大参考价值的。今年恰逢建党百年，在这样的时间节点推出此书，也算是恰逢其时。

中国城市规划设计研究院

文化与旅游规划研究所　所长

2021 年 5 月

前　言

红色文化是中国共产党在革命、建设和改革中形成的宝贵精神财富。发展红色旅游、传承红色基因，是党和人民赋予我们的重大责任，是时代赋予我们的崇高使命。党的十八大以来，党中央高度重视保护利用红色资源，传承弘扬红色文化。习近平总书记多次深入视察革命老区与红色旅游景区、出席重大革命历史纪念活动，发表了一系列生动深刻的讲话，深刻阐述了"要把红色资源利用好、把红色传统发扬好、把红色基因传承好"等重要理论命题。

在党和国家的大力引导与支持下，全国迎来红色文化旅游的发展热潮。据统计，2020 年我国红色旅游收入超过 4000 亿元，较 2010 年，十年间复合增长率超过 15%。2018 年国务院机构改革，文化和旅游部挂牌成立，文化和旅游在多个层面不断深入融合发展，红色旅游也衍生出更加丰富的发展模式，对业内红色旅游规划技术方法提出了更高要求与新的挑战。

近年来笔者主持并参与了一系列红色旅游规划业务实践：项目地域包括了湖南韶山、陕西南泥湾、湖北红安等国内著名的红色革命圣地，项目类型涵盖了旅游发展总体规划、风景区总体规划、旅游区总体规划、城市设计、详细规划设计等。其中湖南韶山、陕西南泥湾成功入选了 2020 年 9 月国家发展改革委、文化和旅游部评定的《全国 60 个红色旅游发展典型案例》。基于上述红色旅游的规划实践，以及在此基础上对红色文旅的大量案例研究，深入探索红色文旅融合发展的思路与模式，总结提炼"红色旅游＋乡村振兴""红色旅游＋绿色发展""红色旅游＋全域旅游"三种红色文旅带动模式，阐述对红色文旅融合发展的规划思考。

在此特别感谢中国城市规划设计研究院文化与旅游规划研究所所长周建明在本书编写中给予的大力支持，感谢院总工张菁、总工办处长詹雪红、经管处处长徐泽在项目中给予的关怀与帮助，感谢主任工罗希在技术管理中的指导，感谢项目组成员巩岳、米莉、李佳睿、朱诗荟、洪治中、刘海龙、贾书惠、王巍巍、鲍捷、李斐然、马诗梦、徐秋阳、祁祖尧、芮文武等同事在项目编制中的巨大贡献，在此特表致谢！

苏航　刘小妹

中国城市规划设计研究院

文化与旅游规划研究所

2021 年 2 月于北京

红色文旅融合的规划探索与实践

目 录

第一篇

理论研究

红色旅游——并不小众的专项旅游

文旅融合——文化和旅游发展的必然趋势

红色文旅融合的方式——六大路径

第1章 红色旅游——并不小众的专项旅游

1.1 红色旅游的概念与内涵

国内学术界关于"红色旅游"的概念界定主要包含以下观点：第一，红色旅游，主要是指以中国共产党领导人民在革命战争时期建树丰功伟绩所形成的纪念地、标志物为载体，以其所承载的革命历史、革命事迹和革命精神为内涵，组织接待旅游者开展缅怀学习、参观游览的主题性旅游活动。发展红色旅游、对于加强革命传统教育，增强全国人民特别是青少年的爱国感情，弘扬和培养民族精神，带动革命老区经济社会协调发展，具有重要的现实意义和深远的历史意义。第二，红色旅游指以革命战争时期的内容为重点，将1840年以来的中国大地上发生过的以爱国主义和革命传统精神为主题、有代表性的重大事件和重要人物的历史文化遗存纳入红色旅游发展范围。第二种观点拓展了红色旅游的概念与时间界定，是目前被普遍认可的概念。

红色旅游内涵主要包括历史内涵、文化教育内涵、社会内涵、经济内涵等四个方面。

历史内涵。红色旅游是建立在红色革命历史与文化的基础之上，是纪念和传承中国共产党领导的中国人民为争取国家独立、民族解放和人民幸福的革命历史和过程。通过科学保护、合理利用革命历史文化遗产，生动传递革命历史进程、爱国主义与革命传统精神。

文化教育内涵。红色旅游形成于特殊的革命历史时期，表现出中国共产党艰苦奋斗的优良传统，是传承历史文化、进行历史教育最有力的素材。积极发展红色旅游，寓思想道德教育于参观游览之中，将革命历史、革命传统和革命精神通过旅游传输给广大人民群众，有利于传播先进文化、提高人们的思想道德素质，增强爱国主义教育效果，给人们以知识的汲取、心灵的震撼、精神的激励和思想的启迪，从而更加满怀信心地投入到建设中国特色社会主义事业之中。

社会内涵。发展红色旅游，有利于带动革命老区经济社会协调发展。革命老区大多位于偏远地区，经济发展水平普遍不高。帮助老区人民尽快脱贫致富，是各级党委和政府的重要任务。发展红色旅游，是带动老区人民脱贫致富的有效举措，可以将历史、文化和资源优势转化为经济优势，推动经济结构调整，培育特色产业，促进生态建设和环境保护，带动商贸服务、交通电信、城乡建设等相关行业的发展，扩大就业，增加收入，为革命老区经济社会发展注入新的生机活力。

经济内涵。红色旅游有利于培育发展旅游业新的增长点，具有强大的经济发展带动功能。随着我国人均收入水平的不断提高，居民的旅游消费支出逐年增长，对旅游内容和产品提出了新的要求，迫切需要旅游业进一步调整和完善产品结构，更好地满足多样化、多层次、多形式的精神文化需求。红色旅游作为旅游业的重要组成部分，对于满足旅游需求、促进旅游发展，增强旅游业发展后劲，开拓更广阔的旅游消费市场，具有积极作用。

1.2 红色旅游的发展趋势

1.2.1 总体情况：全国红色旅游持续快速发展

（1）我国红色旅游规模化起步于 20 世纪 90 年代，长期保持快速增长

根据文化和旅游部历年数据统计，从 2004 年到 2019 年，全国每年参加红色旅游的人次从 1.4 亿人次增长到了 14.1 亿人次，已超过 2019 年全国旅游总人次的 1/4（图 1-1），并即将突破 15 亿人次。

全国红色旅游人次（亿人次）

图 1-1　全国红色旅游接待游客数量变化趋势图

数据来源：根据文化和旅游部历年统计数据整理绘制①

———————————

① 其中 2018 年数据未公布，此图内为推测数据。

随着全国红色旅游人数的增加，我国红色旅游收入不断增加，占全国旅游收入的比重也基本稳定。2010年我国红色旅游收入1032亿元，2020年超过4000亿元，年均复合增长率超过15%。

（2）点—线—面的红色旅游发展格局基本形成

目前，全国已基本建成12个重点红色旅游景区、30条红色旅游精品线路、300个红色旅游经典景区以及473个重点爱国主义教育基地；结合2019年以来福建、江西、河南、湖北、湖南等15个省区市陆续开展的长征国家文化公园建设，全国基本形成了点、线、面结合的红色旅游发展格局（表1-1）。

截至2020年底，全国共有5A级旅游景区302家，其中红色旅游景区41家。从数量上看，5A级红色旅游景区数量从2007年的14家增长到2020年的41家，增长了193%，增长速度较为迅猛。

全国12个重点红色旅游区一览表 表1-1

序号	红色旅游区名称	主题形象
1	以上海为中心的"沪浙红色旅游区"	开天辟地，党的创立
2	以韶山、井冈山和瑞金为中心的"湘赣闽红色旅游区"	革命摇篮，领袖故里
3	以百色地区为中心的"左右江红色旅游区"	百色风雷，两江红旅
4	以遵义为中心的"黔北黔西红色旅游区"	历史转折，出奇制胜
5	以滇北、川西为中心的"雪山草地红色旅游区"	艰苦卓绝，革命奇迹
6	以延安为中心的"陕甘宁红色旅游区"	延安精神，革命圣地
7	以松花江、鸭绿江流域和长白山区为重点的"东北红色旅游区"	抗联英雄，林海雪原
8	以皖南、苏北、鲁西南为主的"鲁苏皖红色旅游区"	东进序曲，决战淮海
9	以鄂豫皖交界地域为中心的"大别山红色旅游区"	千里跃进，将军故乡
10	以山西、河北为主的"太行山红色旅游区"	太行硝烟，胜利曙光
11	以渝中、川东北为重点的"川陕渝红色旅游区"	川陕苏区，红岩精神
12	以北京、天津为中心的"京津冀红色旅游区"	人民胜利，国旗飘扬

资料来源：中共中央办公厅、国务院办公厅，《2004-2010年全国红色发展规划纲要》。

1.2.2 客源特征：年轻化、散客化、亲子家庭游趋势明显

（1）红色旅游主要客群由60~70后向80~90后转移

根据国内主要OTA网站数据[①]分析可知，红色旅游的游客结构发生较大改变，以往以中老年游客为主要消费群体的红色旅游，现在受到越来越多年轻人的青睐，年轻人逐渐成为红色旅游的主力消费人群，年轻化趋势显著。

根据统计数据显示，2021年上半年通过各大OTA平台预定红色旅游景区的用户平均年龄为28岁，主要以80、90后为主。其中95后、00后客群增速最快，相比2019年同期增长约50%（图1-2）。

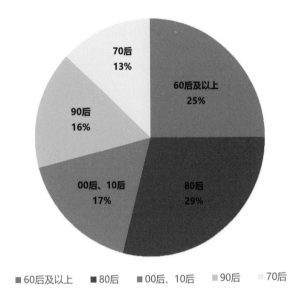

■60后及以上　■80后　■00后、10后　■90后　■70后

图1-2　2021年上半年红色旅游目的地的游客年龄分布图

数据来源：网络

（2）红色旅游散客化比例较高

从2007~2012年全国红色旅游游客抽样调查数据可知，近年来游客自费出行比例稳步提升，约70%游客是自费开展红色旅游活动，单位组织等开展活动比例20%以上。较高的散客化标志着红色旅游逐渐得到了广大人民群众的认可，发展红色旅游已经具备良好的群众基础（表1-2）。

（3）亲子家庭红色旅游占比增多

根据携程网统计数据显示，以亲子爱国教育为主题的红色旅游也越来越普及。在2021年上半年红色旅游景区门票的预订客群中，亲子家庭占比超过三成。以80后带娃游尤为显著：上半年80后带娃参加红色旅游的人数超过90后4倍多，超过70后1.7倍。

---

① 数据来源包括：携程网《2021上半年红色旅游大数据报告》、驴妈妈《2021红色旅游大数据报告》、去哪儿网《2021红色旅游发展报告》、同程网《红色传承·"Z世代"红色旅游消费偏好调查报告2021》。

	自费	公费	自费+公费	其他			
2007年	55.30%	25.80%	11.36%	7.54%			
2008年	62.34%	27.39%	6.97%	3.30%			
	个人收入	亲朋资助	单位福利经费	单位奖励旅游开支	单位行政事业经费	党、团费	其他
2009年	53.7%	12.1%	14.6%	5.3%	3.5%	3.3%	7.5%
2010年	53.4%	14.9%	14.7%	4.9%	2.2%	2.7%	7.2%
2011年	50.5%	15.7%	16.9%	4.3%	5.2%	1.7%	5.7%
	个人收入	亲朋资助	公司单位支出	其他			
2012年	74.2%	2.9%	15.3%	7.6%			

资料来源：《红色旅游发展十年回顾与展望》。

1.2.3 游客偏好：供给侧需求多样化

（1）年轻人爱打卡、老年人爱跟团、亲子家庭寓教于游

根据国内主要OTA网站数据分析可知，参与红色旅游的各年龄段游客在产品偏好上具有显著区别。

年轻游客偏好以自由行方式、打卡城市红色景点。例如在长沙，"白天橘子洲，晚上文和友"成为许多年轻游客的标配行程。50岁以上老年人偏好以跟团游形式重走红色景点、缅怀革命岁月、重温红色精神。"红色景点＋山水名胜或人文景区"的组合型旅游产品最受该类群体青睐。

亲子家庭更偏好红色研学游产品。红色旅游活动的本质是一种体验式学习，红色旅游活动使历史事件从书本上的文字变为鲜活的实地场景与丰富的旅游活动；家长们更倾向于借助这种"寓教于乐""寓教于游"的方式，带孩子走访红色圣地、缅怀革命先烈、了解红色历史、增加爱国热情，珍惜当下幸福生活。

（2）创意时空感、沉浸式红色文化体验产品备受好评

近年来，红色旅游目的地和经典景区在形式上进行了诸多创新。

以红色影视基地、红色实景演出、红色主题文化园、红色文化沉浸式话剧与主题街区为代表的红色文旅项目，注重历史场景的恢复营造与现代演绎，展现了红色旅游的创

意感与历史穿越的时空性；并开展"重走长征路""当一天红军""过一天苏区生活"等红色旅游特色活动，使旅游者身临其境地置身于历史场景中，获得丰富游览体验。

此外，高科技打造的沉浸式红色文化体验也极大地提升了参观者的代入感，让红色文化更加贴近不同年龄的人群，让年轻人在现代科技中更好地体验和了解红色文化。如通过"高空实拍＋球幕全景＋飞翔"的特种电影形式，将延安的雄伟壮阔、秀美迷人融合在一起。按顺时针飞行轨迹，展现延安最具代表性的景点，通过浓缩春夏秋冬的奇景，精彩再现了延安之美、延安之韵、延安之魂，让观众与延安零距离接触，7 分钟体验一场酣畅淋漓的全境飞翔（图 1-3）。

图 1-3　球幕飞翔电影《飞越延安》

（3）红色文创旅游产品的市场吸引力明显加强

红色衍生文创商品及互动产品已经对年轻人产生了浓厚的吸引力。各大红色景区以独特的红色文化与精神为核心，打造一系列高颜值、具有网红属性的文创产品。例如，中共一大会址纪念馆文创产品、"望志路106号"旅游纪念品、"船承筑梦–南湖红船"模型系列、"红船精神我最红"伴手礼盒、光明小红砖冰淇凌等周边产品，均受到广大游客的热烈追捧（图1-4）。

随着红色旅游产品体系逐渐多样化，越来越能够契合不同游客类型的需求，红色旅游消费主力将继续呈现年轻化的态势。

图1-4 红色文创商品

1.3 红色旅游的政策要求

1.3.1 政策文件梳理

近年来，红色旅游多次被写入国家政策文件，中共中央办公厅、国务院办公厅先后出台了三版《全国红色旅游发展规划纲要》，为行业发展提供了全方位的发展支持（图1-5、表1-3）。

图1-5 三版全国红色旅游发展规划纲要发布及我国红色旅游发展阶段示意图

近年来主要红色旅游政策文件一览表 表1-3

时间	发布单位	文件名称	内容提要
2004.12	中共中央办公厅、国务院办公厅	《2004—2010年全国红色旅游发展规划纲要》	明确了红色旅游发展总体思路，提出培育12个重点红色旅游区、配套30条红色旅游精品线路、打造100个红色旅游经典景区
2011.3	中共中央办公厅、国务院办公厅	《2011—2015年全国红色旅游发展规划纲要》	提出坚持红色旅游产业化发展，再建设130个红色旅游经典景区
2015.7	国务院办公厅	《关于进一步促进旅游投资和消费的若干意见》	将红色旅游作为研学旅行发展的重要项目
2016.2	中共中央办公厅、国务院办公厅	《关于加大脱贫攻坚力度支持革命老区开发建设的指导意见》	支持革命老区建设红色旅游经典景区，着力开发红色旅游产品，结合红色旅游组织开展形式多样的主题活动
2016.12	国务院办公厅	《十三五旅游业发展规划的通知》	提升红色旅游发展水平，将红色旅游打造为常学常新的理想信念教育课堂，增强红色旅游发展活力
2016.12	中共中央办公厅、国务院办公厅	《2016—2020年全国红色旅游发展规划纲要》	明确红色旅游发展六大任务，强调红色旅游的教育功能和脱贫攻坚作用
2017.1	国家旅游局	《红色旅游景点景区服务规范》	2017年5月1日起实施的行业标准
2017.8	交通运输部	《全国红色旅游公路规划（2017—2020年）》	确定126个红色旅游公路项目，建设总里程约2442千米
2017.10	国家发展改革委	《全国红色旅游经典景区三期总体建设方案》	重点加强开展红色旅游活动必需的基础设施建设，实行环境整治
2018.7	中共中央办公厅、国务院办公厅	《关于实施革命文物保护利用工程（2018—2022年）的意见》	加强全国红色旅游经典景区和红色旅游精品线路建设，统筹加大对革命文物保护利用和支持力度
2019.7	国家发展改革委等七部门	《文化旅游提升工程实施方案中央预算内投资管理办法》	公共文化服务设施建设项目，东部地区不安排中央投资，兵团全额安排中央投资。红色旅游基础设施建设项目，不受最高补助限额的限制

1.3.2 政策要求解读

党的十八大以来，习近平总书记多次深入红色旅游经典景区进行视察，围绕红色旅游发表了一系列重要讲话，提出了一系列的新理念、新思想和新战略。

（1）把红色资源利用好、把红色传统发扬好、把红色基因传承好

2014年习近平总书记视察南京军区机关指出，"把红色资源利用好、把红色传统发扬好、把红色基因传承好"。这是我们开展红色教育的重要遵循。

红色资源是中国共产党领导中国人民在革命和建设实践中留下的历史遗存与承载的思想资源、文化资源、物态资源。红色资源是精神瑰宝及物质载体的总和，但就其本质而言，红色资源的核心，应当是这些物质载体所体现出来的精神瑰宝。

红色传统是中国共产党、人民军队和广大人民群众在长期的革命、建设和改革的创造性实践活动中，由红色基因逐渐孕育、生长、传承而形成的持久延续的固有价值观念和行为实践的定式。它是对中华民族优秀传统文化的继承、发扬和升华，创造性转化和创新性发展成为了红色革命传统，是中国共产党人的传家宝和政治优势。

红色基因内含着中国共产党人在长期革命实践中锤炼的先进本质、思想路线、优良传统和作风，是中国共产党人革命思想的内核。它是在中国革命斗争的历史实践中孕育生长的，是中国共产党人的观念、思想、文化、精神、传统得以与时俱进的具有生命力的思想因子和鲜活的生命体，遗传进化为社会主义建设和改革开放伟大实践的优质基因。

红色资源、红色传统、红色基因共同构成了红色共同体，是我们在红色旅游发展中进行创造性转化与创新性发展的核心内容。

（2）以传承红色基因为红色旅游发展核心，统筹"爱国主义教育"与"红色旅游"

2012年12月，习近平总书记在前往河北省阜平县考察时提出："关于发展革命根据地旅游项目，要把握好两个概念。红色根据地，爱国主义教育，这是一个概念。发展红色旅游，是另一个概念。两方面要统筹。"2015年2月14日，习近平总书记在陕西视察时进一步强调："发展红色旅游要把准方向，核心是进行红色教育、传承红色基因，让干部群众来到这里能接受红色精神洗礼。"

因此，红色旅游应以"红色教育与红色基因传承"为核心价值，首要作用是发挥教育功能，包括革命传统教育、爱国主义和党性教育、社会主义核心价值观教育等。在此基础上，科学发展红色旅游，统筹发展红色旅游的"事业属性"与"产业属性"，实现红色旅游社会价值和经济价值的统一。

第 2 章　文旅融合——文化和旅游发展的必然趋势

2.1　文旅融合的概念与内涵

文化和旅游具有天然的耦合性，自 20 世纪 80 年代西方国家便认识到文化和旅游是不证自明的相互补充、相互受益的产业。同一时期，国内学者开始关注文化与旅游的关系，较为著名的论述包括已故著名经济学家于光远先生所述，"旅游不仅是一种经济生活，而且也是一种文化生活""旅游是文化性很强的经济事业，又是经济性很强的文化事业"。2009 年，《关于促进文化与旅游结合发展的指导意见》中提出了"文化是旅游的灵魂，旅游是文化的重要载体"的重要表述，明确了文化和旅游的关系。尽管文化和旅游的融合论述很多，但"文旅融合"概念的明确提出与大力倡导有赖于三个方面的原因。

一是国家层面的机构整合。以往我国文化和旅游的分管部门不同，受政策和体制的影响，很难真正推进二者的融合发展。2018 年 4 月 8 日，根据第十三届全国人大一次会议批准通过的《国务院机构改革方案》，文化和旅游部正式挂牌。目前从部委到地方的文化和旅游部门合并已全部完成，机构上的重组赋予新部门新职能，更加强调文化和旅游在产业培育和产业发展各个方面融合发展的趋势。

二是国家政策的明确要求。2021 年 3 月 11 日，十三届全国人大四次会议表决通过了《关于国民经济和社会发展第十四个五年规划和 2035 年远景目标纲要》。十四五规划中把"推动文化与旅游融合发展"提升到"增强国家文化软实力和中华文化影响力"的战略目标高度，明确提出坚持以文塑旅、以旅彰文，打造独具魅力的中华文化旅游体验，推进红色旅游、文化遗产旅游、旅游演艺等创新发展。

三是产业发展的趋势方向。据联合国教科文组织和世界旅游组织测算，全球近 40% 的旅游业是由文化驱动的，并且这一比重还在逐步增加。另据我国研究机构调查数据显示，2019 年国庆黄金周国内旅游人次约 8 亿，其中 66.4% 的游客参观过人文旅游景点，足以见得文化和旅游产业融合发展的巨大潜力和趋势。

2.2 文化和旅游的融合模式

2021 年 4 月 29 日，文化和旅游部印发了《"十四五"文化和旅游发展规划》，其中第十章"推进文化和旅游融合发展"中提出了坚持"以文塑旅、以旅彰文"，推动文化和旅游深度融合、创新发展，不断巩固优势叠加、双生共赢的良好局面。同时规划提出按照提升旅游的文化内涵、以旅游促进文化传播、培育文化和旅游融合发展新业态三项措施加以推进。由此可以看出文化和旅游融合的总体思路，即文化的旅游化、旅游的文化化（图 2-1）。

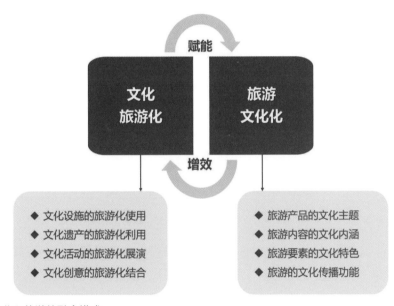

图 2-1　文化和旅游的融合模式

文化的旅游化，更多地侧重于文化资源的可参观性生产（visibility），使文化借助于旅游的载体更好地传播。具体可总结为四个方面：一是文化设施的旅游化使用，即传统博物馆、图书馆、科技馆、艺术馆、影剧院等文化设施的旅游化提升，提高互动性、参与性与体验性。二是文化遗产的旅游化利用，包括各类文物保护单位、遗址遗迹等有形文化遗产以及各类非物质文化遗产的旅游化展示与利用。三是文化活动的旅游化展演，包括提升各类文化节事节庆活动的对外展示功能，以及各类文艺作品的旅游化演艺等方面。四是文化创意的旅游化结合，即将各类文化内容生产及文化商品与旅游功能有机结合。

旅游的文化化，则侧重于提升旅游活动的文化内涵与文化主题，使旅游成为文化展示的有效途径。具体也可以总结为四个方面：一是在旅游产品中强化文化主题，即增加文化类旅游产品的供给，赋予文化旅游鲜明的主题特征，打造独具魅力的中华文化旅游体验。二是在旅游内容中提升文化内涵，即让人们在领略自然之美中感悟文化之美、陶冶心灵之美，将文化内容、文化符号、文化故事融入景区景点。三是在旅游要素中增加文化特色，在食宿行游购娱等旅游六要素中凸显文化特色，在旅游设施、旅游服务中增加文化元素。四是在旅游功能中体现文化传播，让旅游成为人们感悟中华文化、增强文化自信的过程。

2.3 红色文旅融合的必然趋势

红色旅游本身就是文化旅游的一种类型，可以说天然具备文旅融合的属性，也是发展的必然选择。

首先从性质上来看，红色旅游具有公共事业和文旅产业的双重属性，大量的红色旅游都是依托于旧址、遗迹等革命文物和博物馆、纪念馆等文化设施进行开展的，必然需要文旅融合的发展模式。其次从教育传播的角度来看，红色旅游的对象日益年轻化，传统单一的说教展示方式无法适应新的目标需求，教育方式与体验形式的与时俱进要求红色旅游必须采用文旅融合的发展思路。同时从综合发展的角度来看，我国红色资源富集的地区恰恰是经济发展的落后地区，老区的发展需求、乡村的振兴需求都迫切地需要红色旅游作为带动引领的驱动力，因此也必须通过文旅融合发展的模式实现最大的社会综合效益。

第3章 红色文旅融合的方式——六大路径

基于大量的红色文化旅游规划实践工作，结合对红色文旅项目案例的持续跟踪与研究，我们总结提炼了红色文旅融合的六大路径，具体包括：红色文化遗存的保护展示、红色场景故事的空间叙事、红色纪念空间的塑造提升、红色文旅产品的创新体验、红色精神文化的教育传承、红色文旅产业的协同发展（图3-1）。

图3-1 红色文旅融合的六大路径

3.1 红色文化遗存的保护展示

3.1.1 红色文化遗存的概念与内涵

红色资源是中国共产党领导中国人民在革命和建设实践中留下的历史遗存与承载的思想资源、文化资源、物态资源，其思想资源包括政治思想、政党制度、思想品格、价值观念等资源形态；其文化资源包括革命的制度文化、精神文化、行为文化等资源形态；其物态资源包括革命遗址、革命文物以及在历史遗存基础上建立起来的烈士陵园、博物馆、展览馆、纪念馆等。红色文化遗存主要是指红色资源中的物态资源，其名称最早在我国第一部设区市制订的地方性法规——《龙岩市红色文化遗存保护条例》中正式提出。红色文化遗存的形态主要包括：

（1）重要机构、重要会议旧址；

（2）著名人物故居、旧居、活动纪念地、纪念设施及其遗物；

（3）与重要历史事件、革命运动、重要战斗有关的遗址、遗迹和代表性实物；

（4）反映革命历史、革命精神的重要文献资料和代表性实物；

（5）中国共产党领导下建设的具有特定时代背景的标志性工程；

（6）产生于现代的各类红色文化物质载体。

关于"红色文化遗存"这一概念存在多种相近表述，包括"红色文化资源""红色文化遗产""革命文物"等。《龙岩市红色文化遗存保护条例》中对于红色文化遗存的定义是指：新民主主义革命时期，中国共产党团结带领各族人民进行革命活动所遗留的，具有纪念、教育意义或者史料价值的遗址、遗迹和实物。随着红色文化内涵与外延的不断拓展，红色资源的概念并不仅限于某一历史时期，而应具备与时俱进、兼容并蓄的特征。凡能够反映爱国主义、革命主义精神的物质载体，都有条件成为红色文化遗存。例如体现生态文明建设的塞罕坝国家森林公园，体现国家南海主权的三沙市，都是红色文化遗存的当代鲜明实例（图3-2）。

我国的红色文化遗存有很大一部分作为近现代文物被列入了各级文物保护单位，这一部分又被称为"革命文物"。除此之外红色文化遗存还包括各类红色文化纪念设施以及现代遗存，并且其内涵也随着时代的发展不断拓展（图3-3）。

深圳深南大道"拓荒牛"（改革开放）

中国海南省三沙市（领土主权）

512汶川地震纪念馆（抗震救灾）

河北塞罕坝林场（生态文明）

图3-2　红色文化遗存的当代实例

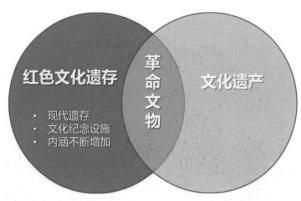

图 3-3 红色文化遗存的概念分析

3.1.2 红色文化遗存的保护要点：真实性、完整性、系统性

自《威尼斯宪章》（1964）诞生和现代环境保护运动发祥至今，真实性和完整性一直是文物古迹保护和生态保护领域的基本内容。红色文化遗存的保护应秉持真实性与完整性的原则。但红色文化遗存与文化遗产一样，是随着历史的演进而呈现出不同时间阶段的，因此对红色文化遗存的真实性保护首先应明确定位其所依据的时间锚点与历史资料。反映红色文化遗存真实性的时间点选取通常应以最能够反映遗存红色文化价值的时期或事件为原则。例如湖北红安县七里坪镇虽是一处历史悠久的明清商贸古镇，但对其长胜街革命旧址保护修缮的时间锚点确定为 1930 年前后其作为鄂豫皖革命根据地中心的时期，据此修复了苏维埃银行、红军饭堂、红四方面军指挥部等革命遗址。

对真实性的另一个理解存在于修复方式层面。在很多情况下，"推测式""夸大式"的重建会降低遗存的真实性，从而影响了遗存的价值。同样在某些情况下，对不完整的建筑、结构与景观进行重建又可以被认为是合理的，因为重建可以提升其真实地表现其价值的能力。正如"突出普遍价值（OUV）"是所有文化遗产保护的核心与导向一样，对于任何红色文化遗存，都应从是否"真实地"表现或表达了其所代表的最为突出红色文化价值的角度，去衡量评估修复的成效。

完整性保护的关键是"整体性""无缺憾性"和"不受威胁"。红色文化遗存的完整性保护，一方面是指避免仅就单体的独立保护，而应将遗存所处的周边环境、重要景观、视线视廊等一并统筹考虑，建立整体性的保护框架，并提出切实可行的保护要求。另一方面是指以遗存所反映的红色文化价值为导向，尽可能构建整体性的资源框架或系列遗存，使其能够完整地反映红色文化的价值特色和叙事过程。例如在红安七里坪镇的红色文化遗存保护中，规划跳脱了原有的单点式保护，构建了点、线、面、区相结合的完整空间保护体系（图3-4）。

红安七里坪镇长胜街旧址修缮

红安七里坪镇光浩门旧址修复

一片	整个七里坪古镇的"山、水、镇"空间环境	
	历史街区、历史建筑保护与利用的前提	
一城	古城区的保护	
	城内街巷空间组织关系的延续	
一线	长胜街、街道本身及两侧沿线的历史建筑	
	古镇保护的重点，保持街道现有空间关系，保证街道风貌的完整，防止保护性建设破坏是街道保护的主要任务	
多点	多处国家级文物保护单位	
	保护与发展的关系，实现保护与利用并举	

图 3-4 红安县七里坪镇红色文化遗存保护体系

　　红色文化遗存由于多数产生于战争时期，因此具有以下特点，一是事件性，大量的红色文化遗存都是重要会议、重大战役等事件遗存，实物遗存相对较少；二是线路性，红色文化遗存通常都是以系列遗存的方式出现，在同一事件、同一线路里的遗存相关性较强，呈现出成群成组的特点；三是叠加性，战争时期我党我军的重要基地和指挥部通常都因地制宜地选取在一些古庙、祠堂、古村镇里，这些保留下来的设施既是历史文化遗产，又具有红色文化遗存的属性。

　　基于以上特点，红色文化遗存必须坚持系统性保护，既要包括物质遗存也要包括非物质遗存，包括与之相关的历史故事、诗词歌曲、重要地名等。既要包括文化遗存也要包括与之相关的自然环境，雄关漫道的环境苍山如海、大渡桥横的背景金沙水岸，都是系统保护的重要内容。既要包括历史遗存也要包括现代遗存，新中国成立后在各红色景区陆续修建的各类重要文化纪念设施，都是红色文化遗存的组成部分。

举例来说，在分析国家长征文化公园时可以看到，长征是在短短两年多时间内发生的一次重大历史事件，两万五千里长征横贯14个省份，具有典型的线路性特征。长征所途径的地区包括世界自然遗产地9处、国家级风景名胜区65处、国家级自然公园172处；42座历史文化名城、140座历史文化名镇、191个历史文化名村；以及鄱阳、湖湘、岭南、巴蜀、黄土高原、青藏高原、西南少数民族等7大文化区域，各类资源高度叠合。我们将长征红色文化遗存体系梳理成9大类型，包括长征起终点和重要节点、重要战斗事件发生地、重要会议会址、重要的红军驻扎地、沿线的红色文化传播遗迹、沿线的山水自然生态环境、革命故事及非物质文化遗产、长征的文化影响地域、各类长征文化纪念设施等（图3-5）。

图3-5 长征沿线红色文化遗存体系

综上，红色文化遗存必须坚持真实性、完整性、系统性的基本原则，才能实现对红色文化遗存全面、系统、有效的保护。

3.2 红色场景故事的空间叙事

3.2.1 红色历史场景的时代感与吸引力

红色文化遗存大多处于特定的历史年代，这为其营造独特的时代感与吸引力提供了天然的基础条件。而文化旅游的核心便是"求异"与"求知"，即追求体验不同的文化氛围与生活方式、深入了解具体的历史事件与人物故事。3N旅游中的"怀旧（Nostalgia）"也是当下旅游的主要目的之一。红色文化遗存自带的年代感与故事性构成了其红色教育之外的独特吸引力，无论是忆苦思甜还是怀念过去，人们都愿意沉浸在追忆往昔岁月的文化氛围中回味历史的魅力，得到教育和感悟。因此红色文化遗存的利用中应当充分注重营造历史场景、讲好红色故事，使游客获得全方位、沉浸式的游览体验。这种场景的营造既包含建筑与景观，也包含符合时代特征的陈设、装饰、声音、气味等环境要素，是一个多维度的整体感受。

例如在红安县七里坪镇项目中，规划着重营造1930年红军驻地时期的时代氛围，修缮恢复了列宁市经济公社、红四方面军指挥部、苏维埃合作饭堂、苏维埃银行、七里坪工会、红军中西药局、七里坪革命法庭等设施。除历史建筑的修缮恢复外，同时注重了对于街道环境景观、装饰陈设、功能业态、背景音乐以及工作人员的服饰仪容、精神面貌等方面的整体塑造，尽可能地展现七里坪镇作为"列宁市"时期的主题风貌，场景化地再现苏维埃政权下的鄂豫皖中心红军小镇的历史风采（图3-6）。

图3-6 红安县七里坪镇红色历史场景营造

3.2.2 红色历史故事的载体化呈现

正如前文所述，大量红色文化遗存是事件性的，实物遗存非常有限，并且这些遗存很多随着时间的推移已经损毁或消失了。这些重大历史事件由于缺乏实际的空间载体，也就缺少了让游客可感可知的展示途径。因此必须通过特定的环境、景观与场景将其呈现出来，文化遗存的保护不只是对空间的保护，还是对时间的保护，是对历史真实的再现。

例如延安南泥湾是1940年前后陕甘宁边区大生产运动的光辉旗帜，但随着岁月的流逝，除了一首被世人广为传颂的歌曲外，游客无处感受那一段历史事件的波澜壮阔。因此规划中除修缮旧址外，进一步恢复了"千亩稻田""遍地牛羊""鲜花满山"等历史场景，再现那一段激情燃烧、轰轰烈烈的革命岁月。同时规划基于大量详实的历史照片、文献、影音、地图等资料对三五九旅旅部旧址进行了场景展现，包括士兵营房、练武场、学习室、大礼堂、骡马大店、豆腐坊、粉坊、马兰草造纸坊等，再现了三五九旅的生产场景、生活场景与战斗场景，使游客真实地体验到"又战斗来又生产，三五九旅是模范"的词曲内涵（图3-7）。

南泥湾金盆湾——艺术景观稻田节点设计　　　　南泥湾金盆湾——军部十三坊之造纸坊节点设计

图 3-7　南泥湾红色历史故事呈现

3.2.3 红色场景故事的空间脉络

红色文化遗存的分布具有线路性和系统性的特征，但在一定地域范围内红色文化遗存的分布通常也是多而散的，一处遗存往往仅承载了一个历史片段，如果不能有效整合这些零散的故事碎片，游客在短时间内就无法构建出完整的故事脉络，对红色故事与内涵的了解也只能是片面的，是一种缺乏前后文语境的"节选"。同时红色纪念地通常仅围绕着一两处核心遗存开展游览活动，这样一方面会导致游客在一地的过度集中，另一方面其他大量的相关遗存点却无人问津。以韶山为例，毛泽东故居不足 500 平方米的空间，高峰日接待游客超 1 万人次，而相邻的滴水洞景区年接待游客量不足故居的 1/10，游客对伟人故里的认知极为扁平单一，空间分布极不均衡。

在韶山规划设计项目中，通过深度挖掘毛主席在韶山的成长故事与革命经历，规划突破红色文化遗存单点展示方式，以"求知、求学、求索、求是"的韶山故事串联起空间上的散点资源，形成毛主席文化展示的空间叙事脉络。全方位、系统性地展示毛主席在韶山幼年生活、少年启蒙、青年革命及老年回望的生平事迹，构建完整的伟人纪念地域。故事的选取既有毛主席的革命事迹，也有毛主席年少的生活趣事、家人的温暖情怀、乡邻的三两见闻，既使游客更加深入立体地了解主席的故事，又将游览空间由故居一点拓展到纪念地全域，实现景区的均衡发展（图 3-8）。

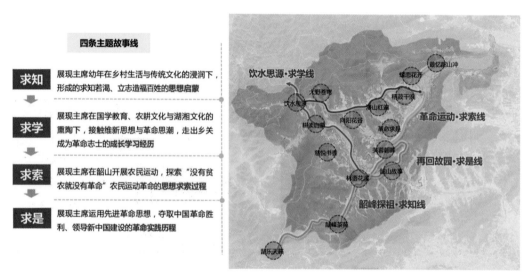

图 3-8 韶山伟人故事的空间叙事脉络

3.3 红色纪念空间的塑造提升

3.3.1 红色纪念空间的功能与类型

红色纪念地通常都具有参观瞻仰、教育学习、缅怀纪念等功能，并需要组织大量的各类纪念活动，因此在功能上需要提供相应的纪念性场所设施和仪式性空间。同时因游客需要全面了解红色纪念地和历史事件的完整全貌，期望对纪念对象有更为深入细致的认知与学习，红色纪念空间是提供这一功能用途的重要场所。

红色纪念空间通常结合红色文化遗存进行建设，位于文物周边或外围，用于展示文化内涵、瞻仰纪念、参观教育、彰显主题形象、举办纪念活动等使用。其类型包括纪念馆、博物馆、展示馆、纪念广场、纪念性雕塑、纪念园、游客中心等，也可以是以上几种类型的组合。对于红色纪念地来说，纪念空间也是游客的必游之地，许多纪念空间都成了红色纪念地的标志性形象，例如天安门广场及人民英雄纪念碑、韶山的毛泽东铜像广场和毛泽东纪念馆、井冈山的红旗雕塑、橘子洲头的青年毛泽东巨型雕塑、西柏坡的"新中国从这里走来"领导人群像等，都是红色纪念空间的杰出范例（图3-9）。

韶山毛泽东铜像广场

井冈山红旗雕像

西柏坡纪念馆

南泥湾党徽广场

图3-9　红色纪念空间的优秀范例

3.3.2　优秀红色纪念空间的基本特征

优秀的红色纪念空间应具备良好的主题性、艺术性与功能性。"主题性"是指纪念空间的展示应该紧扣红色文化遗存的核心文化价值与红色主题，主旨鲜明且立意高远，既充分展示红色文化遗存所承载的事件特征，又对其文化内涵进行提炼与升华。"艺术性"是指纪念空间应当艺术化的塑造展示空间，构建形态优美且令人印象深刻的标志性文化景观，同时应庄重正气、尺度适宜，避免求大求怪。通过艺术化的设计使纪念空间本身就具备较高的游赏价值。"功能性"是指纪念空间应充分考虑游览的功能需求，满足文博游览、瞻仰纪念等核心功能，同时充分考虑其所承载的各类纪念活动的组织方式，满足举办大型节事节庆活动的多功能使用要求。

以南泥湾三五九旅纪念广场的设计为例，规划紧紧围绕"新中国军垦事业发祥地"这一核心主题，通过"军队、军垦、军魂"三个维度展现三五九旅的光辉历程与卓越贡献。在艺术形式上通过"军旗"展馆（象征不朽军魂）、文字雕塑（毛主席题字番号）、地图广场（三五九旅历史足迹）、纪念碑刻（王震将军评价）等艺术手法塑造标志性纪念空间，形态优美且内涵丰富。在功能性方面通过广场、纪念馆、游客中心、入口门户区相结合的方式，满足多种方式、多类人群的使用需求（图3-10）。

图 3-10 南泥湾金盆湾三五九旅纪念广场设计——红色纪念空间营造（一）

图3-10 南泥湾金盆湾三五九旅纪念广场设计——红色纪念空间营造（二）

3.4 红色文旅产品的创新体验

3.4.1 红色文化的创造性转化与创新性发展

习近平总书记在十九大报告中提出，要"推动中华优秀传统文化创造性转化、创新性发展"，这句话为今后我国文化建设事业的发展指明了方向。其实不仅是优秀传统文化，作为在中国革命、建设、改革的伟大实践过程中孕育的革命文化和社会主义先进文化，同样需要在新时代的背景下进行创造性转化与创新性发展，才能持续保持文化的赓续与活力。

另一方面，红色旅游客群持续的年轻化与散客化趋势进一步提出了红色文化旅游产品持续创新转化的要求。无论是传统文化还是红色文化，单一的静态陈列展示方式与宣教式讲解已经不能充分满足年轻群体的需求，需要创新引领、推陈出新。

3.4.2 以文化演艺营造沉浸式感知

红色文化旅游演艺是一种创意文化旅游产品，它以红色文化为主要成分，重在突出红色文化特殊的内涵和意义，运用现代高科技手段，通过演出人员声情并茂的表演，生动地演绎人民群众在中国共产党领导下的革命过程。红色文化旅游演艺可以有效带动相关产业的发展和提高旅游消费者的文化修养，其最高的追求目标是文化效益、经济效益和社会效益的最大化。

我国的红色文化演艺兴起于2008年前后，历经十余年的发展，已经被证明是弘扬红色文化内涵、发展红色文旅产业的一种有效途径。例如诞生在2008年的实景演出《井冈山》公演10多年来，已经成为井冈山红色旅游的一张响亮的名片，实现了以文兴旅、以文就业、以文富民。截至2018年7月，《井冈山》共演出2300多场，观众达300余万人次，门票收入上亿元。参演的 600 多名群众演员都是当地的农民，他们的先辈就是当年的红军。这些群众白天是农民，晚上当演员，人均每年可增收 8000 余元，产生了良好的经济效益和社会效益。在湖南韶山，自 2014 年《中国出了个毛泽东》公演以来，演出场次逐年递增。受益于实景演出，韶山旅游正从"半日游""一日游"向"过夜游"转变，旅游人均消费明显提高。

红色文化演艺根据演出类型大致可以分为实景演出、剧场演出与小型展演三类。其中实景演出通常依托山水资源环境，以室外大型场地为空间进行展演，动用的人员与设备通常较多，投资规模较大。剧场演出通常依托各类剧院设施，以室内歌舞演出、情景剧等为主要形式，投资规模适中，典型的包括陕西旅游集团制作的《延安保育院》、陕西文化产业投资集团等出品的红色主题文化秀《延安、延安》等。小型展演的类型比较宽泛，既包括结合各类文化园区内以演员为主体的小型情景表演，也包括各类博物纪念馆内以声光电等方式展演的多媒体情景片段，一般投资规模较小（图 3-11）。

大型实景演艺《井冈山》

中型剧场演艺《延安保育院》

小型情景展演《董存瑞》

图 3-11　红色文化演艺的类型与代表

需要注意的是，尽管红色文化演艺是一种较好的文旅结合形式，但因整体投资较大，大中型的文化演艺项目是有一定投资风险的。对红色文化演艺投资收益影响最大的因素是基础游客量，可以看到较为成功的红色文化演艺都位于传统红色旅游胜地，例如韶山、延安、井冈山等年基础客源都在千万级人次以上，其中年接待游客量在 6000 万以上的延安可以同时支撑 4 个以上大型演出。尽管一些红色文化演艺为红色旅游地吸引了大量客源，但基础客流量是项目成功的必要保障，红色旅游地应根据自身的实际情况选择适宜的文化演艺形式。

3.4.3　以科技创意增强交互式体验

随着时代的发展，越来越多的高科技与新技术被应用在红色文旅产品之中，包括多媒体、数字化以及 VR、AR 等，受到年轻群体的广泛欢迎。新技术与文化演艺的结合也产生了一系列创新性的产品，例如纪念西安事变的大型实景影画《12·12》，该剧新创"影画"节目表现形式，将山水风光、历史实景以及高科技立体舞台装置高度结合，运用高端装置设备以及多媒体投影技术、剧院技术和蒙太奇等电影表现手法，达到现代科技与文化景观融合、电影画面与舞台戏剧融合的创意效果。演出开始后，观众需要穿过数十米长的通道来到舞台中央，通道两旁是被轰炸过的墙面、延伸出来的钢铁装置、支离破碎的牌匾，一下子将人拉入那个动荡的年代。随后近两个小时的演出中，烟雾炸点、激光组、大雪、强风、地面震动等多种真实的体感感受带领观众一起重温一幕幕历史片段（图 3-12）。

除了技术创新外，游览形式的创新也增强了红色文旅产品的互动性、参与性和体验性。例如上海是中国共产党的诞生地。上海旅游局发布了 5 条红色线路，分别是"红色档案""复兴之路""激荡文学""岁月如歌"和"开天辟地"，游客可以通过微旅行的方式体验"红色档案"线路，化身为"情报人员"，走进毛泽东旧居、蔡元培故居等场馆，找寻"接头暗号"和"接头信物"，"接头"上级人员——书店罗掌柜，用浸润式体验的方式感受红色旅游的魅力。这种创新形式将红色旅游与谍战电影、剧本杀等创新业态有机结合，对游客尤其是年轻群体具有巨大的吸引力（图 3-13）。

图 3-12　纪念西安事变的大型实景影画《12·12》

线路地点

1. **中共一大会址纪念馆**
2. **中共二大会址纪念馆**
3. **1920年毛泽东寓所旧址**
4. **《布尔什维克》编辑部旧址**
5. **中国左翼作家联盟成立大会会址纪念馆**
6. **上海宋庆龄故居纪念馆**
7. **上海孙中山故居纪念馆**
8. **鲁迅故居**

➤ "红色档案"剧情介绍

　　一名中共地下党员在抗战胜利曙光到来之际的上海，意外发现了一份日本人的机密档案，这份档案隐藏了惊天内情，时间紧迫，破解情报的任务艰巨。所以，这位中共地下党员准备将这份档案交给小伙伴们，一起来参加破解"红色档案"行动，这是一场智力、体力与压力并存的破解行动。

　　那么，你准备好了么？

图 3-13　　上海特色体验型红色旅游活动——红色档案

3.5 红色教育培训的精神传承

3.5.1 红色教育培训的类型与方式

红色教育培训又称红色研学，是依托红色文化遗存及其所承载的革命历史、革命事迹和革命精神，组织接待旅游者开展缅怀游览、系统学习的主题性旅游活动，是深度学习红色精神、传承红色基因的主要方式，也是带动地方文化产业发展的重要途径。红色研学是在社会主义市场经济条件下实现社会效益同经济效益的有机结合，是一条将精神财富转化为社会财富，最终造福于社会的良性循环之路。以井冈山为例，2019 年井冈山共接待红色培训学员 43.57 万人次，培训人次连续五年呈现阶梯式增长，已经成为红色文旅融合的重要产业类型。

红色研学的内涵核心是学习党的历史，传承与弘扬革命精神。习近平总书记在党史学习教育动员大会上的讲话中指出，开展党史学习教育要突出重点。一是进一步感悟思想伟力，增强用党的创新理论武装全党的政治自觉；二是进一步把握历史发展规律和大势，始终掌握党和国家事业发展的历史主动；三是进一步深化对党的性质宗旨的认识，始终保持马克思主义政党的鲜明本色；四是进一步总结党的历史经验，不断提高应对风险挑战的能力水平；五是进一步发扬革命精神，始终保持艰苦奋斗的昂扬精神。中国共产党在一百年的非凡奋斗历程中，一代又一代中国共产党人顽强拼搏、不懈奋斗，涌现了一大批视死如归的革命烈士、一大批顽强奋斗的英雄人物、一大批忘我奉献的先进模范，形成了井冈山精神、长征精神、遵义会议精神、延安精神、西柏坡精神、红岩精神、抗美援朝精神、"两弹一星"精神、特区精神、抗洪精神、抗震救灾精神、抗疫精神等伟大精神，构筑起了中国共产党人的精神谱系，这是红色研学中核心传承的红色基因。

红色教育培训是各级党政机关与企事业单位鼓励开展的主题活动，具有广泛的对象主体。具体包括面向系统内干部培训，包括中央及省市各级的党校学习与干部培训计划；社会化教育培训，包括面向企事业单位市场化运营的各类培训机构；青少年研学实践，包括面向大中小学的爱国主义教育、主题军训等；主题党日与支部活动，包括各类短程活动与节事节庆等，具有巨大的市场需求。

3.5.2 红色研学与红色文化遗存的活化利用

红色研学的主要开展形式包括课堂教学、实地观摩、现场教学、主题活动、团队建设等内容，对空间及设施的要求包括酒店宿舍、餐厅食堂、教室报告厅、活动场地、纪念设施等，这些空间与设施可以与红色文化遗存充分结合，变单一的静态保护为多元的活化利用。

例如在延安南泥湾项目中，通过将红色文化遗存与研学教育相结合，将桃宝峪八路军炮兵学校旧址改造为延安市南泥湾干部培训学校的文化研学基地，提供教学礼堂、炮校书屋、窑洞宿舍、集训广场、炮兵文化纪念馆等系列特色教育设施。通过建设国家级红色教育培训基地，体现了红色文化遗存"传递红色火种""传承红色基因"的时代意义，使其成为"南泥湾精神"在新时期的传播与延续，取得了很好的实施效果（图3-14）。

图3-14 南泥湾炮校旧址改造利用为干部培训学院

3.6　红色文旅产业的协同发展

3.6.1　红色旅游与其他旅游的协同共振

红色旅游通常以红色为主线，但会与其他旅游结合开展，特别是在综合性旅游目的地内或综合性旅游线路上，多种类型旅游的结合既丰富了游客的行程体验，也增加了当地的旅游收益。红色旅游地目前多为免费参观游览，只有充分将红色旅游与其他旅游类型相结合，才能更加有效地推动革命老区的社会经济综合发展。以井冈山为代表的"红绿结合"模式，开创了以红色旅游为主体多元旅游类型协同发展的先河，随着近年来红色旅游的不断发展与探索，目前已经形成以下几种主要模式（图3-15）：

红色旅游+自然风景旅游的"红绿结合"模式：从前文的长征沿线资源分析可以看出，红色旅游的资源密集区通常也是自然生态资源的富集地区，"红绿结合"的模式即是将人文旅游与自然旅游有效融合的方式，可以增进游客的多元游览体验，并实现"绿水青山就是金山银山"的发展目标。

红色旅游+历史文化旅游的"红古结合"模式：红色旅游与历史文化旅游同属于人文旅游范畴，都是传承与发扬中华优秀传统文化的重要途径。很多红色旅游资源本身就叠加在历史文化遗产之上，大量的古镇古村古街巷本身就是红色文化的重要载体。二者的结合既有融合又有互补，共同展示了中华之源、民族之魂。

红色旅游+民族风情旅游的"红民结合"模式：我国大量的红色老区也是少数民族聚居区，大量的红色事件也与祖国统一、民族团结具有直接密切的联系，例如著名的"金沙渡江""彝海结盟"等。这些少数民族地区独具魅力的民族风情具有极高的旅游吸引力，可以与红色旅游有效融合。例如贵州省推出的十条红色精品线路就将红色文化和西南民族风情有机结合在一起；江西赣南采茶歌舞剧院将红色题材《八子参军》与具有400多年历史的赣南采茶戏载歌载舞的表演形式结合，打造成歌、舞、戏并重的时尚歌舞剧。

红色旅游+乡村田园旅游的"红乡结合"模式：中国革命走的是农村包围城市的路线，中国革命成功的基石在于广大乡村。现如今乡村依托其优美的田园景观、休闲的生活环境，已成为吸引都市居民的重要旅游资源。将红色旅游与乡村旅游相结合，既是对旅游功能的有效补充，也是以红色旅游为动力推动乡村发展的重要途径。结合田园农场、传统村落、精品民宿、休闲农业等乡村旅游的开展，实现乡村振兴与共同富裕的目标。

红色旅游＋体育运动旅游的"红运结合"模式：体育运动本身也是开展红色旅游的一种重要形式，例如"重走长征路"、军事训练、红色毅行等。通过体育运动可以身体力行地去体验当年革命前辈的艰辛与不易，同时也可以将红色旅游与赛事旅游、教育培训结合发展，例如利用红色旅游的线路性特征，开展一系列红色主题的马拉松赛、自行车赛、越野赛、徒步节等，将体育运动与红色纪念有效融合。

红色旅游＋现代科技旅游的"红创结合"模式：在我国社会主义建设时期同样涌现出了一大片代表国家力量、国家精神的红色文化遗存，例如"两弹一星""中国卫星""中国天眼"等，这些代表着中国科技、国防事业里程碑式的红色纪念地，同时可以作为国家科普教育基地，面向青少年等人群进行传播教育。例如在贵州天眼的平塘大射电景区，游客既可感受到祖国科技的强大、南仁东总设计师的伟大，同时也可以深入了解最前沿的天文知识，探索宇宙的奥秘。

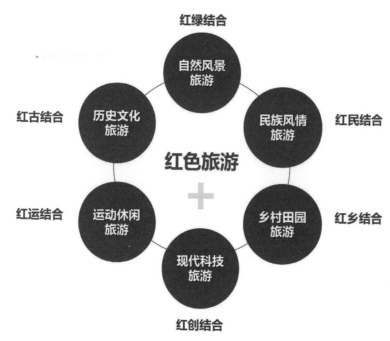

图 3-15 红色旅游与其他旅游融合模式

3.6.2 红色旅游对相关产业的带动发展

红色旅游往往会成为我国欠发达地区的主要发展动力，想要最大化红色旅游的社会经济引领作用，就必须将红色旅游与其他产业有机融合，放大乘数效应。

红色旅游＋农业：将红色旅游与特色农产品、土特产品、地方美食有机结合，利用红色旅游地的知名IP构建特色农业品牌，推进本地农业的特色化、品牌化、生态化、科技化发展。例如红安的红苔、南泥湾的稻米、井冈山的竹笋和红米饭等。

红色旅游＋手工业：将本地特色手工业产品与旅游商品相结合，以红色旅游作为手工业商品的展示平台与售卖平台，加强产品制作环节的可视化与体验化，特别是加强具有非物质文化遗产和文创特色主题商品的旅游转化，充分发挥红色旅游对手工业的拉动、融合及催化、集成作用，形成新的旅游业态。

红色旅游＋服务业：旅游本身属于三产服务业，红色旅游应更加注重与其他服务行业的融合发展，形成完整的服务链与价值链。应注重将红色旅游的文化IP注入各类服务要素之中，形成独具特色的融合型产品。红色旅游与餐饮业的结合可以形成"红色味道"系列产品；与住宿业的结合可以形成"红色民宿"系列产品；与交通业的结合可以形成"红色专列"系列产品；与零售业的结合可以形成"红色风物"系列产品；与文化产业的结合可以形成"红色文创"系列产品。红色旅游为相关服务行业提供了鲜明的文化主题，使之形成更加丰富多彩的文旅新业态。

以上六大路径是基于大量案例研究与实践工作总结提炼而成，是目前国内红色文旅融合最为主要的六种模式，文旅融合是一个复杂而综合的课题，红色旅游作为一类独具特色的文化旅游，兼具政府引导和市场需求，将会率先在文旅融合的道路上不断地探索出更加丰富多元的发展模式。

规划与实践

第 4 章　湖南韶山——红色旅游＋乡村振兴

4.1　项目概况

湖南韶山是中国人民伟大领袖毛泽东主席的故乡，也是他青少年时期生活、学习、劳动和早期从事革命活动的地方；既是重要的革命纪念地，也是享誉中外的红色旅游胜地。

1994 年，韶山被国务院批准为第三批国家级风景名胜区。在《韶山风景名胜区总体规划（1995—2015 年）》到期后，中国城市规划设计研究院文化与旅游规划研究所受韶山市政府委托，开展第二版韶山风景区总体规划编制，并同期开展韶山冲乡村景区详细规划编制。

2019 年 1 月，《韶山风景名胜区总体规划（2018—2035 年）》正式通过了国家林草局的审查，成为国家林草局成立后首批审查通过的风景名胜区；《韶山村区域景区详细规划》通过了湘潭市、韶山市市委市政府及专家论证审查。

在本章节，我们通过上述的韶山系列规划实践，重点探讨如何在风景名胜规划体系下将红色旅游与乡村振兴有机融合，实现风景资源科学保护、红色文旅融合发展、乡村振兴特色发展的综合目标。

4.2　认知韶山

韶山风景名胜区位于湖南省韶山市，风景区总面积为 70km²，外围保护地带面积为 43.83km²。风景区包括故居、滴水洞、韶峰、黑石寨、韶山冲乡村和狮子山等六大景区（图 4-1）。

韶山风景名胜区，是以韶山毛泽东同志故居等伟人胜迹和纪念地为核心资源，集领袖故里文化、红色革命文化、湖湘地域文化等多元文化与秀丽山水景观于一体，以生态保育、纪念瞻仰、爱国主义教育为主要功能，辅以观光休闲、登山健体等功能的国家级风景名胜区。

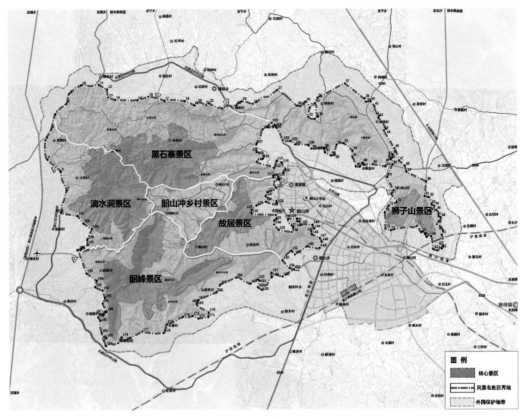

图4-1 韶山风景名胜区规划范围图

（1）伟人故里胜地 —— 孕育伟人成长的人文环境，承载革命理想的精神故园

韶山风景名胜区以一代伟人毛泽东的诞生地和早期革命活动纪念地的人文景观为主要特色。我们总结梳理出了毛泽东主席与韶山的四个历史阶段：

· 从1893年在韶山出生、接受耕读启蒙传统教育、到1910年立志出乡关的"孕育成长"；

· 1921年、1925年、1927年先后三次回韶山开展农民运动的"革命求索"；

· 1959年、1966年四回韶山、五回韶山的"故园回望"；

· 如今，韶山成为薪火相传的精神家园与红色圣地。

韶山作为一代伟人的诞生地及早期革命活动纪念地，是人们探究一代伟人的成长过程，缅怀革命先烈，激发爱国主义热情的主要场所，这使韶山在国内、国际上都具有很高的知名度。

（2）多元文化交融 —— 经世致用的湖湘文化、耕读传家的氏族血脉、多姿多彩的乡土民俗

忧国忧民、经世致用的湖湘文化：韶山自古以来深受忧国忧民、经世致用的湖湘文化浸润。历经千年历史积淀，湖湘地区孕育了众多爱国志士、思想大家与革命先驱，流传下诸多历史人物故事，包括战国时期屈原忧国忧民，上下而求索；清代魏源海纳百川，提出"师夷长技以制夷"的思想主张；曾国藩以"经世致用"的思想开创了中国近现代进程、推进洋务运动；晚晴时期谭嗣同舍生取义、以血荐轩辕等。湖湘文化中，经邦济世、心忧天下的入世精神，经世致用、自强不息的地域性格，百折不挠、兼收并蓄的独特气质，为韶山奠定了独特的地域人文环境。

源远流长、耕读传家的氏族血脉：韶山毛氏家族在韶山冲白手起家营建家园，深浸在儒家文化熏陶，耕读传家、积极入世的观念深入人心。韶山自古以来民习勤苦，人尚气节，家好诗书，为毛泽东的精神成长和人格培养，产生了深远的影响。此外，浓厚的文化氛围和淳朴民风，孕育了一批有识之士和乡贤。

图 4-2　韶山的多元文化要素

底蕴丰厚、多姿多彩的乡土民俗：在地域民俗文化的浸润下，湖湘地区孕育出丰富多彩的非物质文化遗产，涵盖曲艺舞蹈、传统工艺、特色美食等多种类型。曲艺舞蹈方面，以韶山山歌、韶乐代表，包括韶山花鼓戏、龙灯舞、杨林杂技等；传统工艺方面，以皮影戏、杨林木雕、如意剪纸、编制扎制、永义烧造为非遗特色；特色美食方面，毛家菜谱、长寿面、长沙小吃、湖湘美食亦承载了韶山的乡愁记忆（图4-2）。

（3）山川秀丽相趣 —— 韶峰秀丽、滴水洞幽、黑石寨翠

韶峰之"秀"：韶山山水秀丽、峰峦环抱，其中独韶峰苍莽挺拔、高出云霄、傲然耸立，为群峰之首，好似鹤立鸡群，一枝独秀。登上峰顶，"跻其巅俯视群山若子孙，南岳洞庭望之若既。"古人曾赋诗一首"绕岫风光凝欲滴，长风轻袅云烟侧，山涵五月六月寒，地拥千山万山碧，从来仙境称韶峰。笔削三山插天空，天下名山三百六，此是湘南第一龙。"

滴水洞之"幽"：滴水洞为一条长约2.8km的山谷，谷内有小溪，曲曲弯弯。小溪沿岸林木繁茂，野花漫野。这里群山环抱，古松参天，修竹滴翠。南面龙头山林木繁茂，半山有一龙泉，水流不竭，晶莹清澈。北面虎歇坪，山花馨香，幽静陶情。西面两山之间有一山涧，蜿蜒曲折，经年流水潺潺。境幽景优是滴水洞幽壑的一大特点。

黑石寨之"翠"：韶山风景区北部的地区，其中以黑石寨为代表的山林地区，自然环境优良，植被丰富茂密，生态环境极好。区内青沟水库，水域狭长，两边崇山峻岭，每到春季则山花遍野，秋季来临则"层林尽染"。滑油潭更是苍松翠竹，峰回路转，流泉叮咚，鸟鸣山涧。具备开展生态休闲、康体健身等活动良好的环境条件（图4-3）。

韶峰叠翠

图4-3　韶山山川秀丽风光（一）

图4-3 韶山山川秀丽风光（二）

（4）湖湘田园乡愁 —— 山水田园美村、红色革命纪念

韶山风景区拥有以韶山村为代表的丰富的美丽乡村资源（图4-4）。韶山村入选了中国名村影响力排行榜300佳和第五批中国传统村落名录，被评为第二批全国乡村旅游重点村；其相邻的韶源村、韶北村亦各具特色。

韶山村：**伟人故居、缅怀纪念**。韶山村是故居、铜像广场等重要景点集中分布区，游客集中游览区，具备一定的旅游服务接待功能。该片区拥有23处景观（点），是规划区景点分布最密集的区域，包括毛泽东故居、南岸私塾、毛泽东铜像广场、故园等国家级文保单位。设有韶山村部、旅游巴士停车场、商业街等游览服务设施，具备一定的旅游服务接待功能（图4-5）。

韶源村：**毛氏祖源、源远流长**。韶源村自然环境清新静谧，村落悠扬闲适；是毛氏家族祖居地，拥有东茅塘、毛震公祠、慈悦书院等家庙、祠堂人文胜迹。毛震公祠是毛家祖祠与红色革命见证地，其建于清朝（1766年），系韶山毛氏支祠（图4-6）。

韶北村：**田园风貌、山水美村**。韶北村田园山水资源优势突出，现状拥有大面积的农田稻菽，以及青年水库、勤俭水库、星罗棋布的大小池塘。休闲农业初步发展，建有韶之红太空农场项目、韶山首个农业综合体项目（图4-7）。

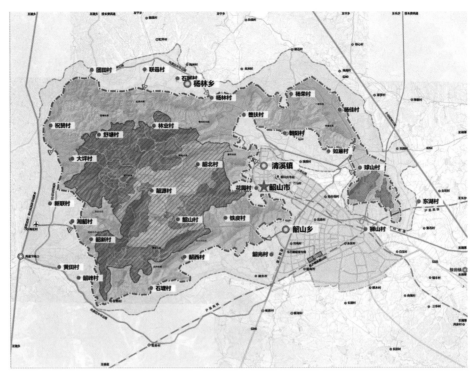

图 4-4　韶山风景名胜区现状村庄分布图

图 4-5　韶山村资源现状

图 4-6　韶源村资源现状

图 4-7　韶北村资源现状

（5）纪念地型风景名胜区 —— 人文景源占主导，文物景点、地域文化与伟人故事高度融合于自然环境与传统乡村

根据《风景名胜区规划规范》进行分类，韶山风景名胜区共有风景名胜资源104处，包括2大类、8中类、25小类。可以看出，韶山风景资源类型多样且类型集中性明显，主要表现在以下三个方面（表4-1、图4-8、图4-9）：

● **风景区以人文类景源占主导**

韶山风景区内有人文类景源54个，自然类景源38个，人文类景源明显多于自然类景源，这一特征与风景区革命纪念地和爱国主义教育基地性质相吻合。

● **胜迹和纪念性建筑较多**

韶山风景区内有胜迹30处，建筑22处，合计占人文类景源的96.30%，比重较高，与毛泽东相关的纪念地及纪念性建筑，以及与韶峰相关的风景建筑和遗址遗迹，构成了风景区人文景源的主要内容。

● **山、水、石景源数量较多，地位突出**

韶山风景区内地景23处，连带水景13处，合计占自然类景源的94.74%。风景区因山得名，传统山、水、石景观在风景区中处于重要地位。

韶山风景名胜资源类型统计表　　　　　　　　　　　　　　　　　表 4-1

大类	中类	小类	所含景点个数	
自然	天景	自然天象	1	32
	地景	大尺度山地、山景、奇峰、峡谷、石林石景	20	
	水景	泉井、溪涧、湖泊、潭池	11	
人文	园景	其他园景	2	60
	建筑	风景建筑、民居宗祠、文娱建筑、商业服务建筑、宗教建筑、纪念建筑、其他建筑	22	
	胜迹	遗址遗迹、摩崖题刻、雕塑、纪念地、其他胜迹	28	
	风物	神话传说、民间文艺、地方人物、地方物产	8	
2	7	27	92	

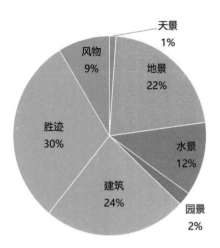

图 4-8　韶山风景资源类型分布图

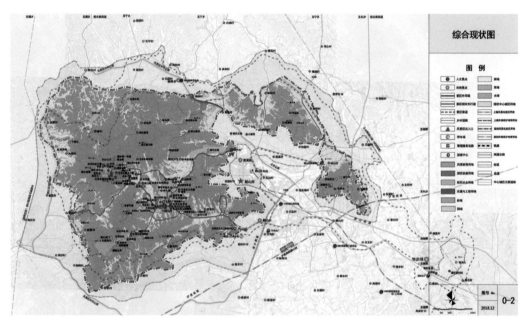

图 4-9　韶山风景资源现状分布图

4.3　问题与挑战

（1）城景村交织混杂，城乡发展与风景区保护利用矛盾突出

其一，城景空间关系混杂。

韶山风景区城景矛盾突出，因上版风景区总规将清溪镇（韶山市中心城区）、银田镇等城镇建设集中区划入了风景区范围，随着城市发展，城、景、村空间边界越来越模糊。

　　　　　　　　　　　　　　　　　红色文旅融合的规划探索与实践

风景区内容纳了大量城市人口与功能，游客流、交通流与城乡居民生产生活交织混杂，违规建设众多，重要景观视廊受到影响，也与风景区的保护要求相矛盾。空间关系的复杂性也带来利益主体的多元化，规划需统筹考虑保护、管理、展示、利用等多方面诉求，达到各方协调均衡（图4-10）。

高质量发展、实现生态文明是新时代的宏伟目标，构建中国特色的自然保护地体系是新时代的改革要求。应如何有效应对风景区长期发展中的弹性变化，合理界定风景区城镇空间与生态空间界定，为挑战之一。

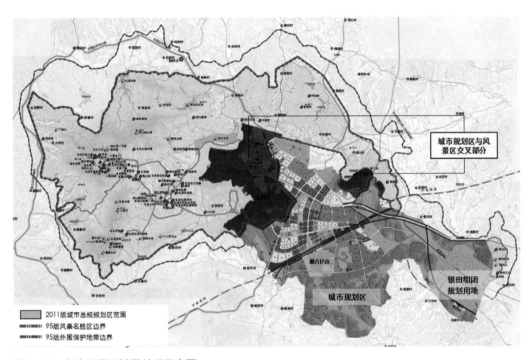

图4-10 韶山风景区城景关系示意图

其二，景、村矛盾日益凸显。

一方面，韶山"景"与"村"的空间关系高度融合。作为纪念地型风景名胜区，韶山的文物景点、地域文化与伟人故事高度融合于自然环境与传统乡村空间地域。另一方面，韶山风景区内人口密度较大，较高强度的居民生产生活活动对风景资源造成了不同程度的破坏，发展与保护的矛盾尤为突出。据统计，2013年末，韶山风景名胜区有28处行政村（合并调整后为17个），分别隶属于清溪镇、韶山乡、杨林乡3个乡镇（街道），涉及总人口约为22740人；风景区总面积为70km²，风景区内人口密度约为324人/km²，高于全国（137人／km²）、湖南省（316人／km²）人口密度（图4-11）。

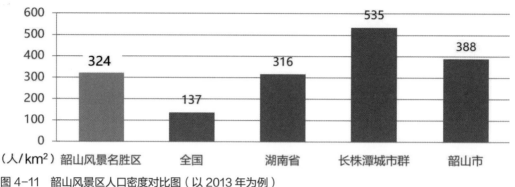

图4-11　韶山风景区人口密度对比图（以2013年为例）

依托优越的旅游资源条件，当地居民自发形成了农家乐餐饮、旅店住宿、导游、纪念品加工、旅游产品售卖等旅游服务业，目前已具备了一定规模；例如韶山村共有98户开饭店，220户摆摊设店。然而，由此带来了对自然环境的人为改造，尤以故居景区、滴水洞景区以及韶峰景区为甚，风景区生态环境破坏十分严重。此外，韶山风景区内第二产业的发展导致了风景区污染问题突出，甚至造成了诸多不可逆的生态环境破坏，仅风景区内就有十数家采掘类企业开山石对山体植被、水土保持景观风貌等造成了巨大破坏。

如何在落实风景区"严格保护，统一管理，合理开发，永续利用"的基本方针的前提下，处理好景区内乡村振兴发展、满足村民生产生活需求与风景资源保护利用，是本次规划的挑战之二。

（2）作为红色纪念地，红色资源的挖掘与展示利用严重不足

游客单点集聚，空间分布极为不均，伟人故里展示较为扁平单一。目前韶山风景区的参观纪念活动高度集中在毛泽东故居、铜像广场等少数景点，据统计，毛泽东故居不足500m²的空间高峰日接待游客超1万人次，景点周边人车混行、交通极为拥堵。游客单点大量集聚，既严重影响了游览体验与空间品质，又造成了较大的安全隐患（图4-12）。此外，韶山风景区尚有大量与毛主席相关的其他景点资源却无人知晓。以滴水洞景区为例，滴水洞是毛主席1966年五回韶山的住所与办公地点，亦是重要的纪念地历史遗存；该景点距毛主席故居仅5km，但年接待游客量却不足毛主席故居的1/10。

图 4-12　旅游旺季人满为患的主席故居与铜像广场

　　部分毛主席相关历史线路、历史遗存尚未转化利用。在韶源、韶北等乡村地区，尚有毛主席相关的丰富历史线路、历史遗存与历史故事亟待深入挖掘、转化利用。历史线路方面，包括毛泽东小道、毛主席少年私塾读书路线、1927 年农民运动考察路线等；历史遗存包括毛主席少年成长时期就读的多处私塾旧址，以及中共党支部、革命联络点、干部培训基地等其他革命旧址等。上述历史遗存是全方位、多维度、综合展现伟人故里的重要空间载体（图 4-13）。

　　综上，如何将红色资源进行创造性转化，如何用空间叙事的方式将分散的历史遗存与线路组织串联、讲好韶山的红色故事，是本次规划的挑战之四，也是规划的重要亮点。

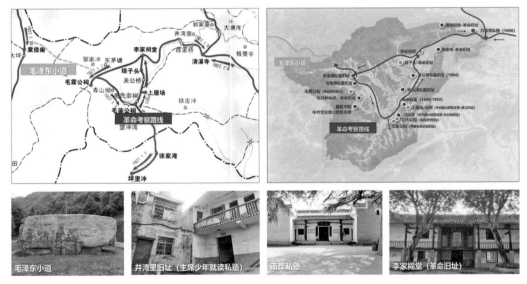

图 4-13　韶山现状部分尚未开发利用的历史遗存分布图

（3）红色资源周边环境缺乏管控，部分乡村地区建筑无序、风貌杂乱

韶山风景区保护工作开展至今，风景资源及自然环境基本上得到了有效保护，红色资源本体保护较好，但资源周边环境缺乏有效管控，尤其是故居景区的土地冲、张旭冲，现存大量违章建设的农家乐村庄院落，建设无序，风貌杂乱，对景区整体风貌产生了强烈的干扰与破坏。韶峰等景区还出现了违章建筑和非法建设现象，亟待全面整治。

此外，部分乡村地区民居建筑体量较大，破坏了质朴乡土的景观氛围；部分新建建筑风格较为现代，缺少湖湘地区与韶山地域特色；亟待逐步实施整治改造、进行民居风貌规范引导（图4-14）。

图4-14　韶山局部地段风貌杂乱

因此，本次规划的重点之一，是对红色资源本体及周边环境进行整体风貌管控，对红色纪念地历史场景进行保护修复，并结合乡村聚落建筑风貌整治提升，整体提升韶山风景区的游览空间品质。

（4）旅游产业粗放发展，旅游产品与空间结构发展失衡

旅游产品结构过于单一。韶山风景区目前以红色旅游、乡村旅游为主要旅游产品。红色旅游以简单的旧址观光为主要形式，缺乏体验性、参与性和互动性；红色研学类、

红色文化休闲体验类产品开发不足，红色革命传统教育主题不突出。韶山丰富的乡村资源、农业资源的旅游开发尚处于初级阶段，仍停留在农业景观的游览层面。以故居景区为中心形成了部分观光农业和休闲农业，仍未形成连片景观，农户仍处于分散经营、对农民增收贡献不大。

旅游产业要素整体品质不高。韶山住宿、餐饮等服务设施数量少、品质不高，多为农家乐餐饮、纪念品加工与纪念品批发零售市场等，既未能提升档次增加收益，又未能拓展渠道扩大市场，也导致了游客在开发区的停留时间较短（图4-15）。

图4-15　韶山现状部分低品质旅游服务设施

旅游产业空间发展布局不均衡。韶山风景区内旅游业发展势头良好，在一定程度上提高了当地居民的生活水平，然而也存在着发展失衡的问题，未能发挥韶山旅游产业应有的效益。韶山现状旅游产业发展在核心景区与其他地域差距明显，当地居民没有普遍受益。除了清溪镇和韶山乡之外，其余乡镇与旅游相关的第三产业创收并不显著，农民人均收入中与旅游相关的收入比例较低。

因此，如何在风景资源科学保护前提下，构建以红色旅游与乡村旅游为核心、特色鲜明、内容丰富的旅游吸引物体系，配套完善的旅游服务设施，为本次规划的挑战之三。

4.4 目标与思路

4.4.1 规划目标

我们确立了韶山风景区系列规划实践的目标：

充分保存或保护韶山的自然资源、文化资源和生态系统，真实完整地体现韶山地区的历史文化和风景审美价值。

在环境承载力的限度内，以适当的方式发展韶山风景名胜区的文化旅游事业，提供游客高品质瞻仰韶山冲毛主席旧居、体验韶山地方文化及自然环境景观的游赏活动，充分发挥红色文化资源的爱国主义教育功能，促进韶山社会、文化、经济全面协调发展。

目标将韶山风景名胜区建设成为景观优美，生态健全，环境优良，服务优质，人与自然协调发展的国内一流风景名胜区。

4.4.2 规划思路与技术路径

在符合风景区名胜区总体规划、详细规划相关要求基础上，我们尝试以"问题＋目标"为双重导向，贯彻落实乡村振兴"产业兴旺、生态宜居、乡风文明、治理有效、生活富裕"的总体要求，在风景资源科学保护前提下，以红色文旅融合发展引领乡村振兴，助推韶山风景区成为国内一流的风景名胜区、全国著名的红色旅游目的地、全国乡村振兴样板。

我们在韶山系列规划实践的总体技术路径如图 4-16 所示，其中有五条重要的规划策略：

策略一：统筹城、景、村的空间布局；

策略二：创造性地将乡村转化为主题景区；

策略三：构建韶山故事叙事空间与游赏体系；

策略四：将红色纪念地历史场景保护修复与原乡风貌整治提升相结合；

策略五：以旅促农、农旅结合、三产融合、三生融合。

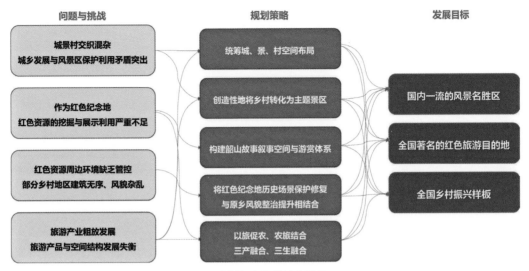

问题与挑战	规划策略	发展目标

城景村交织混杂
城乡发展与风景区保护利用矛盾突出

统筹城、景、村空间布局

国内一流的风景名胜区

作为红色纪念地
红色资源的挖掘与展示利用严重不足

创造性地将乡村转化为主题景区

全国著名的红色旅游目的地

红色资源周边环境缺乏管控
部分乡村地区建筑无序、风貌杂乱

构建韶山故事叙事空间与游赏体系

全国乡村振兴样板

旅游产业粗放发展
旅游产品与空间结构发展失衡

将红色纪念地历史场景保护修复
与原乡风貌整治提升相结合

以旅促农、农旅结合
三产融合、三生融合

图 4-16　韶山系列规划实践"红色旅游＋乡村振兴"的技术路径

4.5　策略一：统筹城、景、村空间布局

4.5.1　城、景关系协调

在资源保护的前提下，充分发挥韶山的纪念、瞻仰、教育功能，合理划分城镇空间、生态空间和农业空间。我们在规划中进行了多方面的统筹与协调。

为缓解城景矛盾，规划调整了上版风景名胜区边界，并预留出城景过渡地带，更加清晰地界定了城景各自的管控边界。整体上构建韶山市域"东城西景北农"的空间结构，为后期国土空间规划奠定了良好基础，获得了湖南省自然资源厅的赞许与支持。

（1）上版风景名胜区范围

1995 版风景名胜区规划的范围北至杨林乡黑石寨、红旗水库，南至天鹅山，东至银河渡槽、樟木山，西至大坪乡滴水洞、棠佳阁一带，跨五乡两镇（行政区划调整后涉及两镇两乡）共计 26 个村，面积 70km²，外围保护地带 42km²。

（2）本次划定风景名胜区范围及调整部分

本次规划风景名胜区的总面积保持不变、即 70km²，外围保护地带调整为 43.83km²。

本次调出部分：清溪镇现为韶山市中心城区，应按照城市进行规划建设与管理，与风景名胜区的保护和管理要求存在较大冲突，亦难以与国家级风景名胜区资源条件相匹配。银河镇现为重点镇，城镇建设与风景名胜区存在一定矛盾，同时其风景资源现状情况较差，并且以灌溉区等水利设施为核心的资源主体与韶山风景名胜区的核心特征关联性不强。规划将上述区域划出风景名胜区，共减少 9.46km²。

本次调入部分：上版规划受制于行政边界的限制，黑石寨山体北侧有大量的空间被划出了风景名胜区范围。本次为保持地理空间与生态环境的完整性，在风景区北部祝赞村至红旗水库之间，将生态环境较好的黑石寨山体等区域纳入风景区范围，在风景区南部将韶峰主峰南部的支脉山体纳入风景区范围，以此构建完整的风景地域空间。规划将上述区域划入风景名胜区，共计增加面积 10.58km²（图 4-17、图 4-18）。

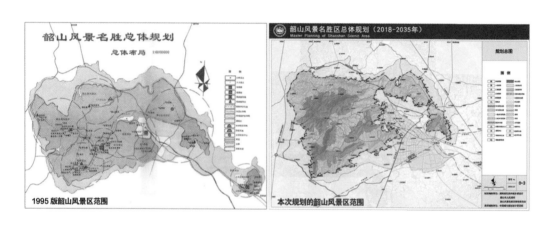

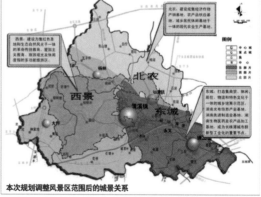

图 4-17　韶山风景区范围调整对比图

4.5.2 景、村关系协调

在景、村关系协调上，制定规矩和底线。

一方面以"净化景区"为原则，剥离风景区不适宜的功能，提出旅游服务设施的建设控制要求。另一方面，为严格控制人口规模，缓解风景名胜区人口压力，改善风景名胜区内居民的生活水平，按照"该迁则迁，保护优先；该留则留，整治提升"的思路，建立适合韶山风景名胜区特点的居民点体系，保证风景名胜区内居民社会与自然环境协调发展，并明确分级保护区划与建设管控要求的衔接关系，提出村庄建设管理办法。

（1）资源分级保护

规划区划分为一级、二级、三级保护区三个保护层次，实施分级控制保护，并对一、二级保护区实施重点保护控制（图4-18）。

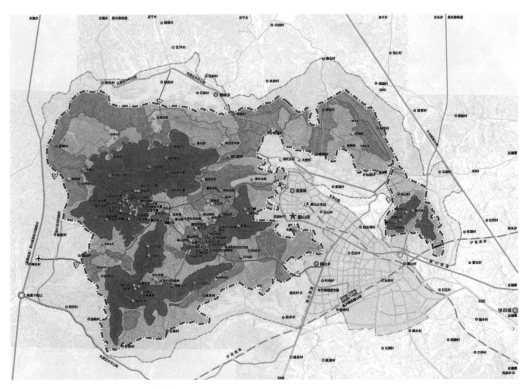

图4-18 韶山风景区分级保护规划图

一级保护区（核心景区——严格禁止建设范围）。一级保护区是风景名胜区内风景资源价值极高或生态高度敏感的区域，主要包括故居景区、滴水洞景区内以伟人胜迹及纪念地为核心的特级、一级景观单元集中分布区域，以及北部黑石寨景区、南部韶峰景区、东部狮子山景区内生态敏感度较高、对生态环境具有重要作用的山地丘陵地区，面积21.67km²。

毛泽东同志故居、南岸私塾、毛氏宗祠、毛鉴公祠、毛震公祠、故园一号楼、滴水洞一号楼等7处全国重点文物保护单位本体、保护范围及I类建设控制地带全部纳入一级保护区。

一级保护区内除必要的游览道路和安全设施外，严禁建设与风景保护和游赏观光无关的建筑物，已经建设的应逐步迁出。严格保护以伟人胜迹与纪念地为代表的典型景观资源，严格保护各级文物保护单位，保护文物建筑和历史场景的真实性与完整性；严格保护韶山主峰、黑石寨主峰、滴水洞山谷、狮子山等山地丘陵地貌；严格控制机动交通进入一级保护区；区内居民点应逐步疏解。

二级保护区（严格限制建设范围）。主要包括二、三级景观单元周边范围以及具有典型性景观的地区，面积35.58km²。严格控制区内设施规模和建设风貌，建筑应参考地域湖湘民居风格，高度宜以二层为主，控制在三层以内。加强韶山村区域人工建设的管控力度，应编制详细规划及专项规划，严格控制乡村景观风貌，大力推进土地综合整治，改变混杂无序的景观形象，保持乡村风貌与田园景观；加强保护自然山体和生态环境，加强生态抚育与绿化建设，提高山体的森林覆盖率，对已破坏的风景资源实施生态修复和景观修补；加强保护韶河及其他水体资源，提高水库、池塘、溪涧的蓄水能力，加强水生态环境的保护与治理。

三级保护区（控制建设范围）。主要包括一、二级保护区以外的区域，是风景名胜区重要的设施建设区或环境背景区，面积12.75km²。区内保护整体自然山水格局，严禁开山采石，加大土地复垦，加强生态建设，治理水土流失，提高林木覆盖率。应编制详细规划，并依据详细规划合理安排旅游服务设施，有序引导各项建设活动。游览设施和居民点建设必须严格履行风景名胜区和城乡规划等法定审批程序，建筑高度宜在三层以内，严格控制建设功能、范围、规模强度、体量和建筑风貌，应与周边自然和文化景观风貌相协调。

（2）居民点协调发展

规划应依法维护风景名胜区内原住居民的合法权益，合理调控居民点建设和人口规模。划定居民点禁止建设区和居民点限制建设区。居民点禁止建设区包含了故居景区、滴水洞景区、黑石寨景区、韶峰景区以及韶山冲乡村景区的景观核心地带，是风景资源价值较高及生态较敏感的区域。风景区内的其他区域划定为居民点限制建设区（图4-19）。

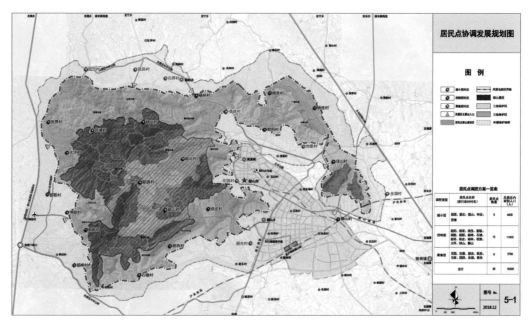

图4-19　韶山风景区居民点协调发展规划图

居民点禁止建设区内原则上不允许新建房屋，在尊重居民意愿的前提下逐步缩小居民点，优先安排至花园村、韶光村、善扶村3处聚居型居民点安置，也可根据其意愿，由城市政府统一安置。居民点限制建设区内应加强村庄风貌整治，限制各类村庄建设，合理控制人口及土地。

缩小型居民点原则上不再允许新建房屋，居民点缩小后的腾退用地主要用于景观恢复和生态绿化。有条件作为旅游服务设施利用的居民点，应加强规划协调与管控，有效控制建设规模与景观风貌。

风景名胜区内的村庄建筑高度按照"只减不增"的原则控制，建筑层数宜控制在1~2层以内，檐口高度不宜超过7m。建筑应充分与周边环境景观相协调，体现具有湖湘地域风格的乡土建筑特色。

4.6　策略二：创造性地将乡村转化为主题景区

传统风景名胜区规划中，对景区居民以向外疏导为主，乡村地域通常作为景区的附属服务基地。上版韶山风景区总规布局7个景区，包括故居景区、滴水洞景区、韶峰景区、黑石寨景区、狮子山景区、清溪景区与银河景区。

本次规划创新性地提出了"乡村景区"的资源观，依托景区内村落集中区新增了"韶山冲乡村景区"，作为对原有景区的补充。并进一步通过《韶山村区域景区详细规划》，深化落实发展意图，打造"美丽乡村"韶山样板、"湖湘文化"乡愁空间（图4-20）。

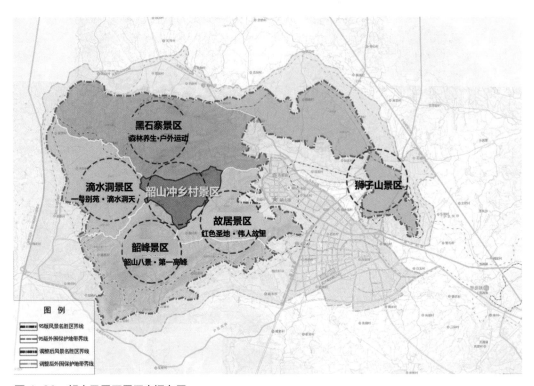

图4-20　韶山风景区景区空间布局

4.6.1　韶山冲乡村景区规划思路

（1）资源特色

韶山冲乡村景区面积2.73km²[①]；以地域文化资源为特色，包括14个景点（其中二级景点4个，三级景点7个、四级景点3个）。

景区具有典型的韶山冲村落景观与浓郁的地域特色文化。以韶北村和韶源村的山前平地为主，主要为当地村民的稻田和菜地，多个水库、池塘及小溪河流相间其中，且分

①《韶山村区域景区详细规划》以韶山冲乡村景区为核心，包含故居景区、韶峰景区、滴水洞景区与黑石寨景区的部分区域。

布具有传统地域特色的乡村聚落与民居建筑，形成韶山冲乡村田园的典型景观环境。体现了浓郁的湖湘地域文化、乡居特色文化。

（2）游览主题

韶山冲乡村景区以"湖湘福地、美丽乡村"为主题，依托"韶山冲"自然景观环境与传统民居村落，重点发展乡村休闲度假旅游，开展乡村民居与田园观光、乡村休闲、文化体验等游览活动，建设特色主题民宿、汽车营地、露营地等旅游新业态，充分展现湖湘地域文化的独特魅力。

（3）总体空间布局

在韶山冲乡村景区规划布局韶源、韶北2个游览区，并注重与故居景区、邵峰景区在风景游赏、空间布局方面的相互协调与紧密衔接（图4-21、图4-22）。

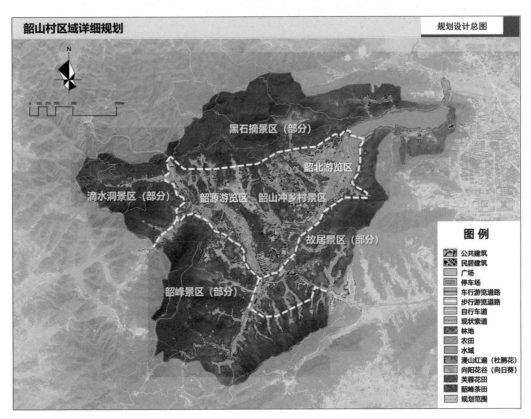

图4-21　韶山村区域详细规划总平面图

图 4-22　韶山村区域总体鸟瞰效果图

4.6.2　韶源游览区规划引导

韶源村是毛氏家族祖居地，拥有东茅塘、毛震公祠、慈悦书院等家庙、祠堂等人文胜迹。依托源远流长的毛氏祖源与耕读文化，韶源游览区以"耕读求学"为主题定位，重点展现毛主席走出乡关成为革命志士的学习成长经历。

韶源游览区以"饮水思源·求学线"主题游线为骨架，重点打造饮水思源、耕读启蒙、慈悦书香等主题节点。营造"咏蛙池""指甲花田"，增加耕牛、农具等乡土景观要素，以场景化的方式生动展现毛主席少年时期所处的耕读成长环境。对东茅塘、乌龟颈私塾旧址进行风貌恢复，打造耕读学社、诗词讲堂，开展农耕体验、激发青少年对耕读传家传统文化的理解与热爱（图 4-23）。

红色文旅融合的规划探索与实践

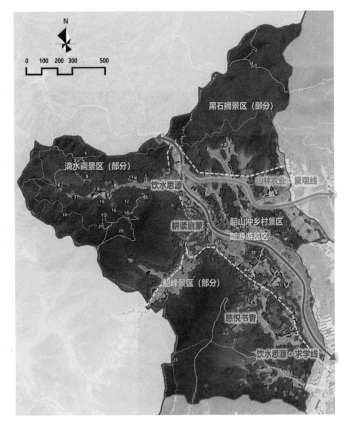

● 规划景点

1. 樱桃沟水果体验园
2. 毛泽东小道（入口）
3. 山水美宿
4. 韶源乡舍
5. 骑行之家
6. 乡间童趣林（苗圃改造）
7. 花鼓戏社
8. 青龙古街
9. 东茅耕读社（东茅塘私塾旧址）
10. 耕读诗社（乌龟颈私塾旧址）
11. 咏蛙池、指甲花田
12. 毛震公祠
13. 青山亭
14. 韶山红色游学中心
15. 湖湘会馆
16. 慈悦书院

● 现状景点

1. 虎亭	13. 毛泽东曾祖父墓
2. 虎歇坪	14. 观音石
3. 毛泽东祖父墓	15. 毛泽东曾祖母墓
4. 石虎	16. 八景诗碑
5. 毛泽东恩师墓	17. 龙头山
6. 滴水清音	18. 龙泉三叠
7. 滴水仙境	19. 奔龙泉池
8. 滴水洞一号	20. 龙亭览胜
9. 八角亭	21. 天然石画
10. 龙泉井	22. 车罗石壁
11. 碑林长廊	23. 云富坨
12. 韶山水库	

图 4-23 韶源游览区详细规划设计平面图

4.6.3 韶北游览区规划引导

韶北村田园山水资源优势突出，现状拥有大面积的农田稻菽，以及青年水库、勤俭水库、星罗棋布的大小池塘。现有毛泽东纪念园、韶山铭园等人文景点。韶北游览区以"求索求是"为主题定位，重点展现毛主席走出乡关成为革命志士的成长学习经历，以及探索农民运动革命的思想求索过程。

韶北游览区以"革命运动·求索线"主题游线为骨架，重点打造芙蓉朝晖、革命求是、稻菽千浪、蝶恋花开、最忆韶山冲等主题节点。取义毛主席诗词《七律·到韶山》中的经典名句"喜看稻菽千重浪，遍地英雄下夕烟"，结合山水田园环境、采用大地艺术的方式展现毛主席思想求索、革命求是的红色历史场景（图4-24、图4-25）。

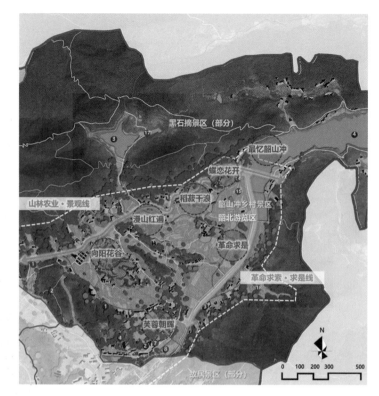

● 规划景点

1.向阳花谷（景观农业区）
2.向阳花屏
3.杜鹃观台
4.毛泽东革命实践足迹园
5.韶山村官学校
6.有机农夫市场
7."新塘新语"红色主题美食街
8.关公桥私塾旧址
9.乡村博物馆
10.新塘现代农业体验园
11.稻菽酒店
12.稻菽干浪
13.毛泽东革命求索园
14. "最忆韶山冲"实景演艺
15.稻鱼共生农业产业园
16.蝶恋花海（景观农业区）
17.名贵中药材种植园
18.素质拓展营地

● 现状景点

1.韶山铭园
2.新毛家饭店
3.钟家湾
4.勤俭水库
5.青年水库

图 4-24　韶北游览区详细规划设计平面图

图 4-25　韶北游览区 - 效果图

　　　　　　　　　　　　　　　　　　　　　红色文旅融合的规划探索与实践

4.7 策略三：构建韶山故事叙事空间与游赏体系

4.7.1 "韶山故事"空间剧本构建思路

规划通过深度挖掘毛主席在韶山的成长经历与革命事迹，认识到韶峰、韶河、韶山冲是一个有机整体，是孕育毛主席生活成长的重要空间地域。

规划突破单点式景观展示方式，以"求知、求学、求索、求是"的韶山故事串联起空间上的散点资源，形成毛主席文化展示的空间叙事脉络。全方位、系统性展示毛主席在韶山幼年生活、少年启蒙、青年革命及老年回望的生平事迹，构建完整的伟人纪念地域，凸显韶山风景区的核心价值。既使游客更加深入立体地了解毛主席故事，又将纪念空间由故居一点拓展到风景区全域，实现各景区的均衡发展（图4-26）。

图4-26 毛泽东主席韶山故事的时空脉络

4.7.2 "一环四线"与主题节点

我们在韶山村区域构建"一环四线"的游览主线，提升与打造15处主题节点、97处景点，其中现状景点44处、规划提升景点53处。

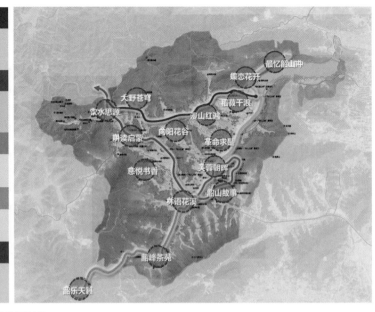

伟人瞻仰·游览环线
· 韶山故事
· 芙蓉朝晖
· 林语花溪
饮水思源·求学线
· 慈悦书香
· 耕读启蒙
· 饮水思源
革命求索·求是线
· 革命求是   · 蝶恋花开
· 稻菽千浪   · 最忆韶山冲
韶峰探秘·求知线
· 韶峰茶苑
· 韶乐天籁
山林农业·景观线
· 大野苍穹
· 向阳花谷
· 漫山红遍

图 4-27 韶山村区域风景游赏规划图

"一环四线"包括：再回故园求是线、饮水思源求学线、革命运动求索线、韶峰探秘求知线；沿线串联的 15 个主题景点包括：韶山故事、芙蓉朝晖、林语花溪、饮水思源、耕读启蒙、慈悦书香、革命求是、稻菽千浪、蝶恋花开、最忆韶山冲、漫山红遍、向阳花谷、大野苍穹（图 4-27）。

（1）再回故园求是线

"一环"即位于故居景区的伟人瞻仰环线，是依托毛主席故居、南岸私塾、毛泽东铜像广场、毛泽东遗物馆等核心资源形成的精品环线。该环线串联了韶山故事、芙蓉朝晖、林语花溪等主题节点。

● 节点 ① 韶山故事（土地冲——韶山 1959）

全面恢复 1959 年毛主席四回韶山、"故园回望"时期的乡村景观风貌，土地冲、张旭冲内民房以拆除为主，并按照历史原貌进行恢复重建，功能上重点延展故居的纪念展示功能（图 4-28）。

　　　　　　　　　　　　　　　　　　　　　红色文旅融合的规划探索与实践

图 4-28　节点 ① 韶山故事效果图

● 节点 ② 芙蓉朝晖

在毛主席故居外围的菜地种植湘莲（韶山本地乡土植物），与故居前的莲花池共同形成连绵成片的视觉效果，并在韶河沿岸植载木芙蓉。以大面积的芙蓉花田景观，展现毛主席"我欲因之梦寥廓，芙蓉国里尽朝晖"的诗词意境。

● 节点 ③ 林语花溪

在铜像广场西停车场的路口区域，结合现有植被基础营造五角枫纪念林景观，并在韶河交汇处设计纪念水池，整体营造伟人追思、纪念缅怀的空间氛围，使其成为进入铜像广场以及整个景区重要的门户节点。

（2）饮水思源求学线

"饮水思源求学线"重要展现毛主席少年时期寒窗苦读以及走出韶山成为革命志士的学习成长经历。该线路是韶山冲乡村景区 – 韶源游览区的骨架游线，主要串联了饮水思源、耕读启蒙、慈悦书香等主题节点。

● 节点④ 饮水思源

该节点选址于韶山水库东侧、毛泽东小道的入口区域。利用场地现状高差，结合山林农田资源，打造跌水景观。以"饮水思源"为主题，隐喻牢记历史、饮水思源不忘初心。

● 节点⑤ 耕读启蒙

以毛震公祠前现有稻田为基础，营造"咏蛙池""指甲花田"，增加耕牛、农具等乡土景观要素，以场景化的方式生动展现毛主席少年时期所处的耕读成长环境。远期对东茅塘、乌龟颈私塾旧址进行风貌恢复，打造耕读学社、诗词讲堂，开展农耕体验、激发青少年对耕读传家传统文化的理解与热爱（图4-29）。

图4-29 节点⑤ 耕读启蒙效果图

● 节点⑥ 慈悦书香

依托慈悦书院现有的汉族书院建筑风貌，结合现有毛主席诗词展览功能，打造为国学教育基地。开展以国学经典（经史子集、诗书礼仪等）为主题的文化展览、修学研习、文化交流等活动；增设相应教辅设施与场地。

（3）革命运动求索线

"革命运动求索线"以求索、求是为主线，重点展现毛主席探索农民运动的思想求索过程，以及毛主席运用农民运动革命思想、取得革命胜利的革命实践历程。该线路是韶山冲乡村景区－韶北游览区的骨架游线，主要串联了革命求是、稻菽千浪、蝶恋花开、最忆韶山冲等主题节点。

● 节点⑦ 革命求是

依托毛泽东纪念园现状景点，建设毛泽东革命实践足迹园、韶山村干部学院。围绕红色文化引入主题展览、红色教育培训等功能，并配置红色主题餐饮设施，丰富游览体验。

● 节点⑧ 稻菽千浪

依托现有的大片稻田景观，取意毛主席重回阔别32年的故乡韶山时所作七律诗中的"喜看稻菽千重浪，遍地英雄下夕烟"，展现稻田乡里的朴素与宁静（图4-30）。

图4-30 节点⑧ 稻菽千浪效果图

● 节点⑨ 蝶恋花开

依托现有的农田景观、李家祠堂内毛主席和杨开慧亲手植下的两棵桂花树，以毛主席词作以《虞美人》《蝶恋花·答李淑一》为引，营造虞美人花田的特色景观，展现这对革命伴侣的红色年代爱情故事（图4-31）。

图4-31 节点⑨ 蝶恋花开效果图

● 节点⑩ 最忆韶山冲

该节点以大型实景演艺为核心，依托周边村落布局会议会展、教育培训、红色怀旧影院、红色文化特色街区、水上休闲运动、养生养老等旅游新业态，建设最忆韶山冲文旅综合体，作为"革命求索·求是线"主题游线的终点。

（4）韶峰探秘求知线

"韶峰探秘求知线"以"求知"为主题，重点展现毛主席在虞韶等优秀传统文化的熏陶下，形成的上善若水、造福百姓的至善治国理念。该游线为韶峰景区的骨架游线，主要串联韶峰茶苑、韶乐天籁等主题节点。

● 节点⑪ 韶峰茶苑

依托韶峰茶特色品牌，在韶峰景区入口建设韶峰茶文化综合体，打造集茶叶种植、观光、休闲体验、主题住宿功能于一体的旅游综合体（图4-32）。

种植翠峰茶田，作为韶峰有机茶基地，游客可在此观赏茶田风光、体验采茶劳作。依托翠峰茶田景观，建设茶养山吧、茶田山野漫步栈道；打造茶艺轩，游客可到此参观、体验制茶的晒、晾、揉、烘、焙传统手工技艺，学习茶艺、品尝茶宴。

图 4-32　节点 ⑪ 韶峰茶苑效果图

● 节点 ⑫ 韶乐天籁

韶乐起源于 5000 多年前，为上古舜帝之乐，是一种集诗、乐、舞为一体综合型的汉族古典音乐艺术。依托韶峰峰顶叠翠葱茏的自然环境，将现状韶峰古寺改建为韶乐宫，打造集韶乐演奏、展览、研习、休闲等功能为一体的韶乐文化主题节点，展现千古韶乐艺术魅力（图 4-33）。

图 4-33　节点 ⑫ 韶乐天籁意向图

（5）山林农业景观线

"山林农业·景观线"是韶山冲乡村景区内、连接韶源、韶北游览区的东西向主题游线，重点展现山林浅丘、大地景观特色风貌。该线路主要串联漫山红遍、向阳花谷、大野苍穹等主题节点。

● 节点 ⑬ 漫山红遍

取意抒情散文《我们爱韶山的红杜鹃》，在浅丘之上种植大面积的杜鹃花以及其他红色花卉植物，营造"漫山红遍、层林尽染"的景观效果，表达对伟大领袖的无限怀念和崇敬之情。在山顶设置"杜鹃观台"、纵览美景（图 4-34）。

● 节点 ⑭ 向阳花谷

取意红色经典歌曲《太阳最红·毛主席最亲》，通过大面积种植向日葵花海，搭配油菜花等金色系农作物，营造一道金色灿烂的景观效果，表达对毛主席的崇敬怀念之情。于浅丘峰顶设置"向阳花屏"观景台，供登山俯瞰美景（图 4-35）。

● 节点 ⑮ 大野苍穹

依托现有韶源水库及其周边的竹林、村舍，融入蛙叫、蝉鸣、莺啼等生境氛围的营造；并结合休闲、度假服务功能，营造一个朴素、宁静、原生态的乡野世界（图 4-36）。

图 4-34 节点 ⑬ 漫山红遍意向图

图 4-35 节点 ⑭ 向阳花谷意向图

图 4-36 节点 ⑮ 大野苍穹意向图

4.8 策略四：将红色纪念地历史场景保护修复与原乡风貌整治提升相结合

4.8.1 红色纪念地历史场景保护修复

韶山风景区拥有 1 个全国重点文物保护单位（含 7 处），3 个省级文物保护单位，46 个登记不可移动文物。从现状来看，国家级和省级文物保护单位均保存状况优良，建筑质量较好，大多作为特级、一级景点的一部分得到合理展示利用，并根据文物保护单位的等级，按照《中华人民共和国文物保护法》有关条款进行保护，周边建设得到有效的控制，整体景观风貌协调一致。同时对没有定级的文物古迹，设定相应的暂保等级，并按此申报和进行保护。

一方面，规划与《韶山冲毛主席旧居保护规划》相协调，根据文物保护单位的级别划定保护范围和建设控制地带，建立标志。严禁在文物古迹保护范围内开展建设活动，在建设控制地带内的建设活动必须要严格依据《文物保护法》的相关规定履行报批程序。对保护范围内的居民点进行疏解，并根据历史风貌和文物性质对其周边环境进行规划和整治。

另一方面，规划在严格保护的前提下，重点恢复红色历史场景，打造景观节点，整治核心景区周边环境，提升故居、铜像广场等重要景源的背景界面，对空间肌理、建筑景观进行原乡风貌修复。

例如，在故居景区、毛主席故居所在的土地冲，我们提出全面恢复 1959 年毛主席四回韶山、"故园回望"时期的乡村景观风貌。拆除违章建筑、对局部层数过高民居建筑进行降层处理，按照历史原貌对现状民居建筑进行风貌整治（图 4-37）。

图 4-37 历史场景保护修复前后对比图 ①

毛震公祠现状　　改造提升

图 4-38　历史场景保护修复前后对比图 ②

　　例如，在韶山冲乡村景区的毛震公祠，我们将祠堂前的稻田进行植被整理，取义毛主席少年轶事，营造"咏蛙池""指甲花田"等主题景点，以场景化的方式生动再现毛主席少年时期所处的耕读成长环境（图 4-38）。

4.8.2　村落乡村风貌引导

　　首先，我们对湖湘地区及韶山传统民居建筑风貌特征进行系统研究，包括平面形制、立面结构、营建技术、材料构造等，总结提炼出韶山乡土建筑图谱（图 4-39、图 4-40）。

　　其次，提出建筑风貌规划导则，对风景区内村落格局与民居建筑风貌进行规范引导，乡村建筑风貌应体现韶山地域特色，保持质朴乡土的景观特点。

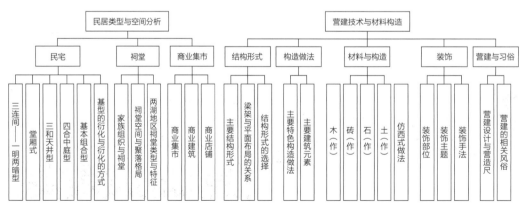

图 4-39　韶山乡土建筑风貌特征分析图

■ 三连间类型民居的形制及实例

类别	名称	平面形制	实际案例	备注（别称）
原型	一堂两内			
基型	三连间			一明两暗 四排三间
变体1	五连间			六排五间
	七连间			七柱十一礃 十排九间
变体2	附加式			
	镶嵌式			
变体3	楼栋式			
	挑廊式			
组合方式	并联式			
	串联式			

■ 韶山传统民居建筑主要采架结构

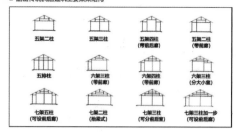

■ 堂厢式类型民居的形制及实例

原型	基型	变体			组合形式
堂厢式	一正一厢				
	实例				
	一正两厢				
	实例				

■ 传统建筑民居结构分析

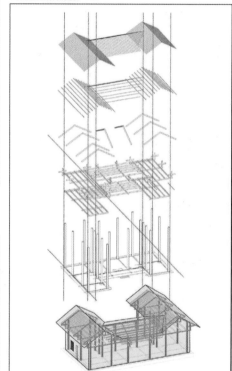

图 4-40　韶山乡土建筑图谱

此外，根据建筑风貌评价提出建筑分类整治策略：针对景观风貌与整体格局较好的村落以外部环境整治、修葺破损建筑、内部设施改善为主，突出村镇的原有风貌；针对风貌较差的村落应逐步实施整治改造，采取更换外饰材料、改变色彩、消减层数等措施，使其与风景区的景观风貌相协调（图 4-41）。

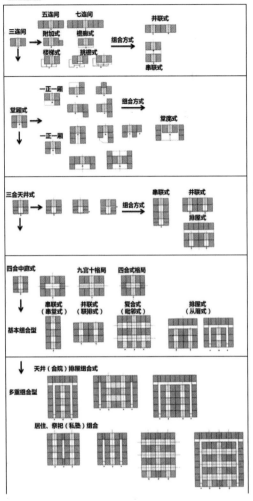

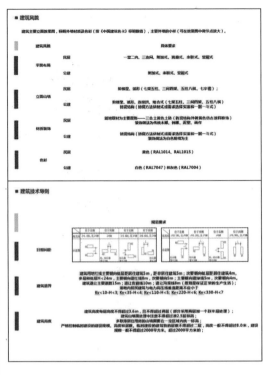

图 4-41　韶山建筑风貌导则规划图

4.8.3　自然景观风貌系统提升

系统保护"山水林田湖草"自然生态与景观要素，营造山清水秀、乡居田园、古朴自然的原乡景观风貌（图 4-42）。

● 山水景观保护

韶山风景名胜区内山水格局独特，整体形成韶峰、云富坨、龙头山、黑石寨等连绵山体环绕以及韶河、石狮江等主要河流贯穿的山水格局。整体保护韶山冲自然山水格局，禁止对风景区地形地貌进行大规模改变。

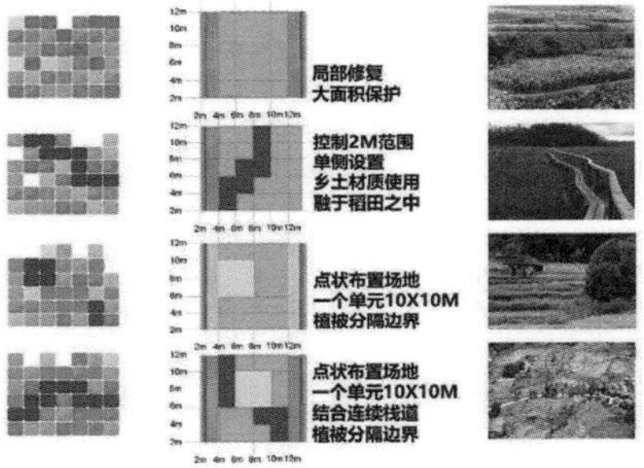

图4-42 韶山自然景观风貌导则规划图

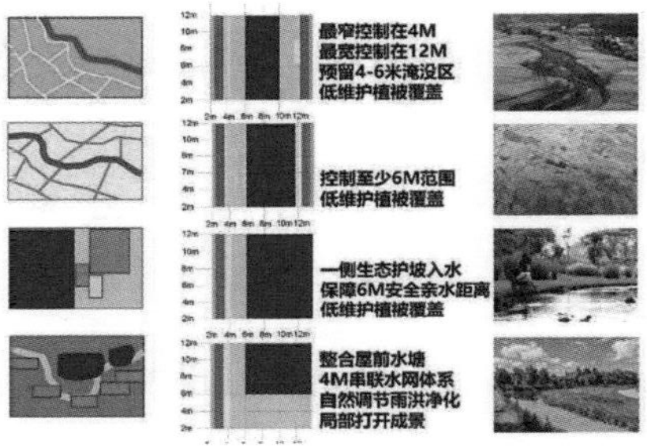

加强对动植物景观的保护，尤其对本地物种及特色植物群落（韶峰四方竹、六朝松等）的保护，保护野生动物的生活环境，保证生态系统的完整性和生态进程的连续性。

● 田园景观保护

注重保护农田、林木、池塘等田园景观资源，保持以水稻田为主体的种植结构。杜绝现代化的农业设施，保留古朴的农田景观风貌，使农业生产与周围的自然风貌融为一体，成为风景名胜区独特的田园风光景观。

● 河流水系保护

实施韶河生态景观修复工程，通过自然化的工程方式恢复自然河滩，最大限度地保持韶河自然景观的真实性和完整性。

严格控制韶河周边 50m 范围内设施建设，保护河岸两侧田园风光带，拆除破坏河流景观的建筑。韶河沿线居民点及旅游设施的污染物应集中处理，严禁直接排放。处理标准必须达到国家有关标准和规划要求，达不到排放标准的，要限期治理。加强对化肥、农药使用的管理，防止农业污染。

4.9 策略五：以旅促农、农旅结合、三产融合、三生融合

4.9.1 旅游业：以红色文化旅游为引领、乡村旅游为特色

（1）发展思路

韶山自然风光优美，人文底蕴深厚，区位条件优良，政策优势突出，发展旅游业拥有得天独厚的优势，韶山风景区内旅游业发展的总体思路是：

一是构建"以圣地游、纪念地游为特色，红色旅游＋乡村旅游"的旅游产品体系。发展具有韶山红色文化主题特色的各类旅游要素，延伸旅游产业链，进一步增强旅游产业关联能力。注重旅游业与农业、工业、商务会展等产业的融合互动，大力发展面向区域的组合型旅游产品。

二是在风景区内的核心景区以风景资源保护为主，增强重点游览区的吸引力，为带动周边旅游发展打下基础。核心区内部和周边村庄，通过完善游览设施和村庄市政基础设施，带动旅游发展和农民致富，促进非农产业的发展和经济结构的多元化。

三是在风景区外构建旅游功能配套区，转移风景区内不适宜的产业配套。依托旅游服务基地做大做强第三产业。

（2）构建"以圣地游、纪念地游为特色，红色旅游＋乡村旅游"的旅游产品体系

以资源本底为基础、市场需求为导向，构建以红色旅游为主导产品、以乡村旅游为辅助产品，形成主辅层次鲜明、类型完备多样的旅游产品体系（图4-43）。

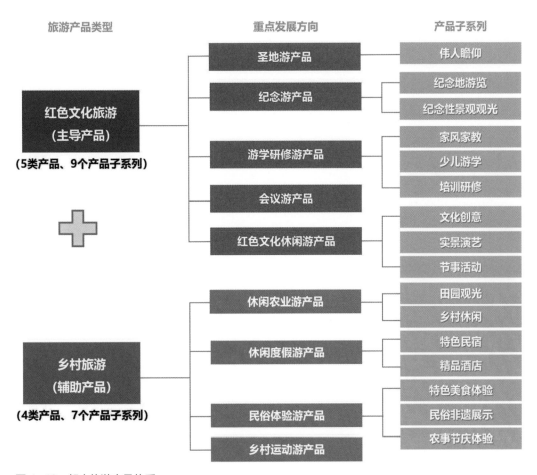

图4-43 韶山旅游产品体系

依托伟人故里胜地与丰富的红色文化历史遗存，发展红色文化旅游；重点发展圣地游、纪念地游、游学研修游产品、会议游产品、红色文化休闲游产品。

依托湖湘美丽乡村与原真田园风光，发展乡村旅游；重点发展休闲农业游产品、休闲度假游产品、民俗体验游产品、乡村运动游产品。

（3）发展具有韶山红色文化主题特色的旅游要素

将伟人故里红色文化植入"食宿行游购娱"旅游六要素，发展红色味道、红色民宿、红色线路、红色活动、红色风物、红色演艺。

● **食·红色味道**

开发"毛家、红色、农家、有机"主题餐饮。充分发挥毛家菜、韶山特色农产品的资源优势。强化餐饮主题特色，提升餐饮服务品质。

● **宿·红色民宿**

打造"毛主席故里·红色经典"精品民宿品牌。在现有民居院落基础上，进行风貌提升、设施完善，打造一系列湖湘地域风格精品民宿，发挥特色接待服务功能。

● **行·红色线路**

依托伟人瞻仰环线、饮水思源求学线、革命求索求是线、韶峰探秘求善线等红色主题线路，设置步行、骑行等慢行游览道路，沿线配套休憩点与骑行驿站。

● **游·红色活动**

面向青少年开展红色体验项目。例如，在韶源村打造东茅耕读社，开展少儿故事会、诗词讲堂等活动；依托慈悦书院，开展以国学经典为主题的文化展览、修学研习、文化交流等活动。面向高校、党政机关及社会团体，开展红色教育培训与游学活动。

● **购·红色风物**

发展体现伟人文化、湖湘地域文化的精品旅游商品，打造"韶山礼物"品牌。将祖田米、韶峰茶、湘莲等具有较高知名度的农产品进行深度加工，打造具有高附加值的韶山精品农特产品。发展红色主题、毛主席相关文创旅游纪念品，譬如红色年代手账、毛主席像章、"韶山记忆"系列生活用品等。

● **娱·红色演艺**

打造"最忆韶山冲"大型山水实景演艺，展现毛主席的韶山故事以及波澜壮阔的革命风云年代。依托韶山冲乡村景区的民居院落，打造花鼓戏社，定期上演《革命领袖》《沙家浜》等经典红色主题花鼓戏。

4.9.2 农业：大力发展特色农业、精品农业与生态观光农业

（1）发展思路

韶山风景区内农业发展的总体规划思路是：

一是调整农业产业结构，大力发展特色农业、精品农业，打响"韶山冲农品"区域公共品牌，提高农业经济综合效益。以推进农业供给侧结构性改革为抓手，紧紧依托红色旅游业发展，充分发挥农业的多功能性，大力发展景观农业和休闲农业，推动农旅结合，"现代化农业生产＋高附加值农产品深加工业＋农产品市场服务业"三产融合发展，"生产、生活、生态"三生融合发展。

二是发展生态观光农业，改善生态环境质量，提高农业与旅游业的关联作用，提升风景区农业发展的特色。

三是实行农业产业化经营，发展规模化经济，实现农业发展全产业链化，提高风景区内村民的生活水平和经济收入。

四是积极鼓励农民创业创新，加快全村现代农业发展，把农业打造成为富民强村美景的支柱性产业，优化当前红色旅游一业独大的经济结构。

（2）产业布局

韶山风景区农业产业的空间布局主要分为三个层面。

第一，韶山冲乡村景区及内环线以发展景观农业为主要方向，以荷塘、油菜、稻田、花卉等景观种植为主，将农业生产与观光旅游相结合，发挥农业与旅游业的关联集聚效益。

第二，其他有发展基础的村落，利用丰富的农业资源，突出有机化、品牌化特色，大力开发地理标志产品，增加农产品附加值。

第三，对于风景区内因采石、滥建形成的裸露山体，以生态林业种植为主要发展方向，绿化荒山、增加植物景观，对部分山体进行恢复性种植。

4.9.3 加工业：适度发展农副产品与旅游商品加工，在风景区外创建旅游工艺品加工基地

风景区承担着保护好风景名胜资源的艰巨任务，风景名胜区的特殊性决定了其内部及周边地区不适合大规模发展工业，严格禁止风景区内采掘业、机械加工等重工业的发展，对有污染的企业坚决予以搬迁。

针对农村居民城镇化的就业需求，改善风景名胜区农业产业化滞后的情况，可以依托杨林乡及周边村庄，有选择地适度发展农副产品加工业和旅游商品加工，创建外向型的旅游工艺品加工基地。各个镇村鼓励发展旅游工艺加工、特色手工业、特色农产品的深加工。

4.10　实施成效

● **荣列全国红色旅游发展典型案例**

2020年9月，国家发展改革委、文化和旅游部共同下发《关于公布红色旅游发展典型案例遴选结果的通知》，评选出60个全国红色旅游发展典型案例。其中，韶山以"红色引领，融合创新，实现红色旅游跨越发展——湘潭市韶山红色旅游发展典型案例"荣列该榜单。

● **新增的"韶山冲乡村景区"成为乡村振兴样板**

风景区总体规划中新增划定的"韶山冲乡村景区"，已成为乡村振兴样板。规划设计的耕读启蒙、饮水思源、杨楼水街等景观节点已打造完毕，村庄面貌焕然一新；"求索之路""求学之路"、韶峰景区提质改造、毛泽东广场西换乘站、棠佳阁文化体验园"毛泽东成长之路"等主题项目均已开展建设。

● **荣获系列国家级品牌**

随着我们在韶山系列规划项目的实施，韶山村在2019年被评为第五批中国传统村落、第九批全国"一村一品"示范村镇、中国美丽休闲乡村；在2020年被评为第二批全国乡村旅游重点村（2020）（图4-44）。

图4-44　韶山村美丽乡村崭新风貌

第 5 章　陕西南泥湾——红色旅游＋绿色发展

5.1　项目概况

南泥湾是延安中国革命圣地的重要组成部分，这里承载了激情燃烧、轰轰烈烈的大生产运动，诞生了"自力更生、艰苦奋斗"的南泥湾精神。在新的时期，南泥湾是传承与发扬延安精神的重要阵地、生态文明建设的实践平台、延安城市转型发展的动力引擎。

南泥湾开发区是以军垦、农垦文化和自然生态资源为依托，以红色教育、文化旅游、生态农业和特色小镇为主导，集红色文化游、自然生态游、乡村农业游等功能于一体的旅游经济区。

按照延安市委市政府"统一规划、基础先行、民生为本、旅游兴镇、生态为要"的要求，中国城市规划设计研究院文化与旅游规划研究所承担编制《延安市南泥湾开发区总体规划（2018—2035 年）》，作为综合性规划，是作为指导今后一个时期南泥湾开发区旅游发展、城乡发展、资源保护、开发建设的宏观性、纲领性、建设性规划。项目组后续又承担编制了《南泥湾开发区金盆湾 359 旅旧址及周边区域详细城市设计》，深化推进南泥湾开发区的建设发展。

在本章节，我们通过南泥湾的系列规划实践，重点探讨如何将红色旅游与绿色发展紧密结合，实现红色文化保护传承、红色文旅融合发展、绿水青山系统保护的综合目标。

5.2　解读南泥湾

5.2.1　南泥湾概况

区位特征方面，南泥湾是延安中心城区的南大门、延安革命圣地游的重要组成部分，也是延壶区域旅游线上的必经之地，对外交通便利快捷（图 5-1、图 5-2）。

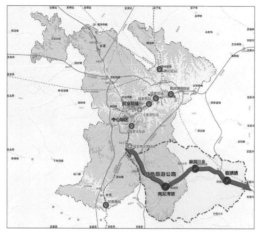

図 5-1　南泥湾开发区与延安市区的区位关系　　图 5-2 南泥湾开发区与区域黄金旅游线的关系

自然环境方面，南泥湾是黄土高原中部第一道自然生态屏障，规划区森林覆盖率达 65%，其中南泥湾镇达 87%，水源较好，物产丰富，是黄土高原上的生态绿洲、重要的陕西绿肺。

经济社会方面，南泥湾区域城镇化水平较低。现状以第一产业为主导、农业有特色；第二产业以油气能源产业为主，造成了一定的生态环境影响；第三产业发展滞后。旅游产业方面，南泥湾游客接待量增长较快，近 5 年年均增速超 40%；游客接待规模不小，但旅游收入较低。已开放景点较少，集中在南泥湾镇。住宿、餐饮等旅游接待服务设施数量短缺，且品质较低。

南泥湾开发区的规划范围包括"两镇一乡"，即南泥湾镇、临镇镇、麻洞川乡三个乡镇全域，总面积 1347km²，涉及总人口 4.17 万人（图 5-3）。

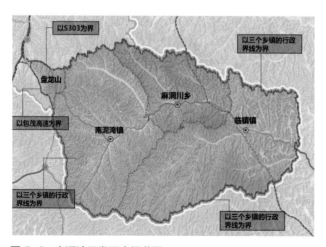

图 5-3　南泥湾开发区空间范围

5.2.2 南泥湾红色文化认知：南泥湾精神、军垦农垦

● **南泥湾精神：自力更生、艰苦奋斗**

南泥湾精神，是以八路军第三五九旅为代表的抗日军民，在著名的南泥湾大生产运动中创造的，是中国共产党及其领导下的人民军队在困境中奋起、在艰苦中发展的强大精神力量。1943年，毛泽东主席为延安电影团拍摄的《南泥湾》影片题词："自己动手""丰衣足食"。这八个字的革命实践后来便升华为"自力更生、艰苦奋斗"的南泥湾精神。

南泥湾精神在新时代仍具有重要的现实意义。南泥湾精神体现了自力更生、艰苦创业的初心。"不忘初心、牢记使命"是党的十九大报告的开篇关键词。中国共产党人的初心和使命，就是为中国人民谋幸福，为中华民族谋复兴。这个初心和使命是激励中国共产党人不断前进的根本动力。南泥湾精神就是"自力更生、艰苦奋斗"的初心，是需要全体党员永远铭记的初心。

● **南泥湾：中国共产党军垦、农垦事业的发源地**

1941年初，三五九旅响应中央号召，在王震带领下开赴南泥湾实行军垦屯田。三五九旅在大生产运动中以农为主，全面发展，先后开办纺织、皮革、造纸等工厂13个，成立盐业、土产、运输等公司，并成立了军人合作社和各种小作坊，形成军民兼顾的多层次的生产经营形式。1942年2月，在中共中央西北局高级干部会议上，三五九旅被誉为大生产运动的一面旗帜，毛主席题词赞誉三五九旅是"发展经济的前锋"。南泥湾大生产运动是共产党第一次明确组织开展的军垦事业，在"自力更生、艰苦奋斗"的南泥湾精神的推动下，南泥湾屯田取得了巨大成就，极大地激励了后来的军垦、农垦事业。

三五九旅是新中国军垦、农垦文化的"开创之旅"。革命战争年代，三五九旅久经考验，战功卓著：他们是抗日战争时期八路军最早的6个主力作战旅之一，以"三次长征"即"红军长征、南下北返、进军新疆"的伟大壮举而载入史册，并以开垦南泥湾创造了战争环境下的农业奇迹享誉天下。三五九旅开创了中国近代军垦文化，将"自力更生、艰苦奋斗"的革命精神发扬光大，运用到革命斗争、生产建设、生活学习中，并将军垦文化传播到祖国大地的各个角落。

● **红色文化载体**

南泥湾拥有丰富的红色文化载体，主要包括革命旧址、功能载体、景观载体、文艺

载体、符号载体、社会载体、活动载体等七种类型；在红色文艺资源方面尤为突出，红色经典歌曲《南泥湾》、秧歌舞代表作《挑花篮》等红色文艺经典，都是承载南泥湾红色文化的重要载体（表5-1、图5-4）。

南泥湾红色精神文化载体系统　　　　　　　表5-1

载体类型	主要内容
革命旧址	垦区政府旧址、毛泽东旧居、三五九旅旅部窑洞群、炮兵学校
功能载体	纪念馆、博物馆、教育培训基地、文化园、体验园、图书馆、大礼堂、情景街区
景观载体	陕北好江南、稻田庄稼、鲜花满山、遍地牛羊、森林葱翠
文艺载体	红色文化演艺、陕北民歌、秧歌剧、电影、纪录片、马兰纸、诗歌
符号载体	锄头、犁铧
社会载体	军民融合、劳动模范、丰衣足食、艰苦朴素、欣欣向荣、乐观向上
活动载体	教育学习、国防训练、劳动实践（战斗、生产、学习三结合）、宣誓仪式、寻根溯源、纪念活动

千亩稻田

延安炮兵学校旧址

稻香门

红色经典歌曲《南泥湾》

图 5-4　南泥湾红色精神文化载体（节选）

5.2.3 南泥湾核心特色提炼：红色南泥湾、黄土大绿洲、陕北好江南

● 红色文化——"红色南泥湾"

久久传唱的燃情岁月：一首《南泥湾》历经七十多年依旧脍炙人口、传唱不衰，展现了三五九旅史诗般的英雄业绩，也使得南泥湾的红色记忆广为传颂、名声远播。

历久弥新的精神丰碑：南泥湾大生产中诞生的"自力更生，艰苦奋斗"的南泥湾精神，直至今天始终是党和国家的重要精神力量，也是社会各界不断研学的课题，代代相传，历久弥新。南泥湾红色文化响亮而独特，在中国革命史上具有极高的精神意义和历史地位，影响深远。南泥湾应继续发挥其红色文化的号召力与影响力，打造精神文明建设标杆。

● 绿色生态——"黄土大绿洲"

黄土高原上的"陕西绿肺"：南泥湾是陕西中央绿肺，动植物种类丰富，山体绿化佳，森林覆盖高，水库风光好。

延安市民休闲度假的后花园：南泥湾处于延安中心城区一小时交通圈内；空气清新无雾霾，日均气温较延安低2～3℃，盘龙山区域海拔1200～1500m，夏季凉爽，适合避暑。南泥湾应充分依托生态资源，积极发展森林生态休闲游，建设成为延安市民休闲度假的后花园，打造生态文明建设样板。

● 金色农业——"陕北好江南"

军垦、农垦事业的起点，黄土生金、丰衣足食：三五九旅荆棘遍野、奋勇开荒，使荒无人烟的南泥湾变成了"处处是庄稼，遍地是牛羊"的陕北好江南。南泥湾从"烂泥湾"奇迹地成为丰衣足食的"赛江南"，为中国革命提供了充足的物质基础，成为中国共产党军垦、农垦事业的发源地。

现代农业的旗帜，领军发展、率先富裕：新时期南泥湾应继续发扬"自力更生、艰苦奋斗"的精神，争当现代农业发展的龙头与旗帜，探索新型农业现代化发展之路，科技引领、三产结合、创建品牌，在践行"两个一百年"奋斗目标的复兴之路上，率先发展、率先致富，打造农业现代化建设典范（图5-5）。

图 5-5　南泥湾三大核心特色

5.3　核心问题

（1）有品牌，缺载体

南泥湾在国内外具有极高的品牌知名度，但渗透率较低。一首《南泥湾》红遍大江南北，使南泥湾精神深入人心。百度指数显示，南泥湾的网络搜索群体遍布全国，排名前五的省市有北京、广东、浙江、江苏和上海。同时，据调查显示，南泥湾开发区的知名度（52.4%）远高于其到访率（26%），可见其品牌渗透率较低。

南泥湾精神具有极高的历史地位与时代意义，但缺乏文化载体和游览内容。目前规划区已开放景点较少，集中在南泥湾镇。已开放景点共 5 个，包括南泥湾大生产展览馆（已拆除，待重建）、垦区政府旧址和毛泽东旧居、中央管理局干部休养所旧址、八路军炮兵学校旧址、九龙泉，均位于南泥湾镇，且为红色旅游景点。

（2）有客源，缺产品

南泥湾开发区位于"延安市区 – 壶口 – 黄帝陵"区域旅游黄金线的必经节点，但游客停留少，游览时间短。南泥湾的过境游客量非常大，但由于开发区的旅游产品数量少，类型单一，选择在南泥湾停留游览的过境游客数量少，时间短，旅游消费不高。2016 年南泥湾开发区共接待游客 67 万人次，在宝塔区排名第四；但是开发区的旅游总收入仅 1100 万元（2016 年宝塔区国内旅游收入 102 亿元）（图 5-6）。

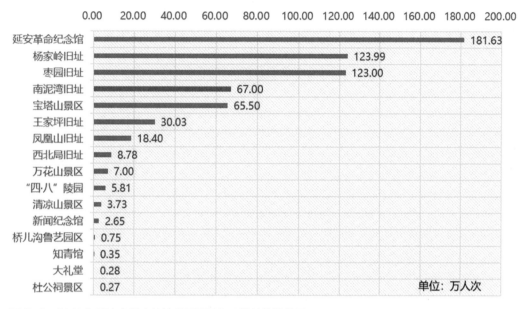

图 5-6　2016 年延安市纪念地管理局局属各开放单位接待量

同时，南泥湾开发区的旅游产业要素布局不完整，住宿、餐饮等服务设施数量少、品质不高，也导致了游客在开发区的停留时间较短、旅游消费较低（图 5-7）。

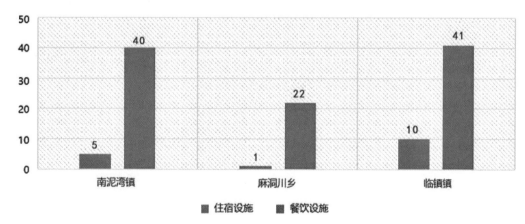

图 5-7　南泥湾开发区住宿、餐饮设施分布情况

（3）有资源，缺整合

南泥湾开发区辖区面积1347km²，规划区内旅游资源总量较多、类型较丰富。除了红色旅游资源外，区内还有塬上苹果、香紫苏、百日菊等农业旅游资源、森林旅游资源、水库旅游资源、民俗旅游资源等。此外，规划区旅游资源的组合条件较好，红色、生态、农业、宗教等多种资源类型在小范围空间内组合紧密，适于进行联动组合开发（图5-8）。

但目前对这些资源的挖掘、整合、利用不够充分。南泥湾开发区现状主要以革命旧址的展示为主，对红色文化资源的利用方式单一，缺乏体验性、参与性；且可参观游览的内容少，缺乏深度，对游客的吸引力有限。

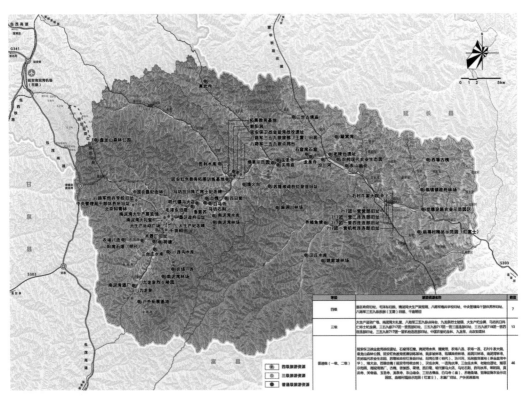

图5-8　南泥湾开发区旅游资源分布图

（4）有生态，欠保护

南泥湾同时是黄河支流汾川河的发源地，是陕北地区重要的"生态腹地"和"资源宝地"，具有丰富的森林资源、湿地环境与农业资源。但随着城镇发展和油气开采，生态资源未能有效得到保护与利用，土地资源低效使用问题突出。

5.4 定位目标与思路策略

5.4.1 总体定位

"红色南泥湾·陕北好江南"

依托南泥湾优越的大生产运动、军垦、农垦文化和自然生态资源，以红色教育、文化旅游、生态农业和特色小镇为主导，建设集红色文化游、自然生态游、乡村农业游等功能于一体的南泥湾旅游经济区。

5.4.2 发展目标

全国著名的红色旅游目的地：依托在全国范围内拥有极高知名度与美誉度的南泥湾品牌，立足以南泥湾精神为核心的南泥湾红色文化，通过对红色文化的深度挖掘，构建内容丰富的文化载体系统，打造旅游吸引物体系，完善基础设施和公共服务体系，建设全国著名的红色旅游目的地。

国家级红色教育培训基地：充分利用南泥湾革命旧址等丰富独特的红色教育资源，面向全国范围内的党政干部、青少年、企事业单位等群体，帮助其深入了解南泥湾大生产运动的光荣历史、感悟南泥湾精神、自觉传承党的优良传统和作风，打造国家级红色教育培训基地。

国家生态文化旅游目的地：依托南泥湾突出的红色文化资源、优良的生态环境资源和现代农业资源，以及黄土风情文化资源，加快景区建设，挖掘精品文化，打造品牌旅游产品，以红色文化体验、生态休闲度假、现代农业休闲、民俗文化体验等为重点发展方向，打造国家生态文化旅游目的地。

国家 5A 级景区：结合南泥湾开发区的实际情况，改善景区硬件设施，强化管理以提高软件水平，注重人性化和细节化，打造在国际上有竞争力的国家 5A 级景区。

5.4.3 规划思路

规划以习近平总书记"把红色资源利用好、把红色传统发扬好、把红色基因传承好"的发展要求为引领，立足"红色南泥湾·陕北好江南"的总体发展定位，围绕"红色基因传承创新"和"生态地区保护发展"两大突破点展开编制，并将上述策略统筹落实在空间布局，整体构建红绿联动的空间发展格局（图5-9）。

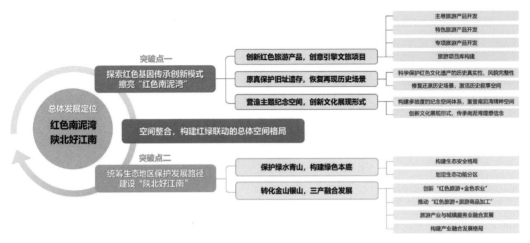

图5-9　南泥湾规划实践"红色旅游＋绿色发展"的思路策略

5.5　突破点一：探索红色基因传承创新模式，擦亮"红色南泥湾"

5.5.1　创新红色旅游产品，创意引擎文旅项目

促进红色文化的创造性转化与创新性发展，规划构建以"红色文化游、绿色生态游、休闲农业游"为主体，"亲子研学游、康养度假游、乡土民俗游"为特色的旅游产品体系。面向新兴市场，将红色文化资源转变为创新发展要素，使开发区实现从过境地到旅游目的地的跨越，成为延安国际旅游目的地的重要组成部分（图5-10）。

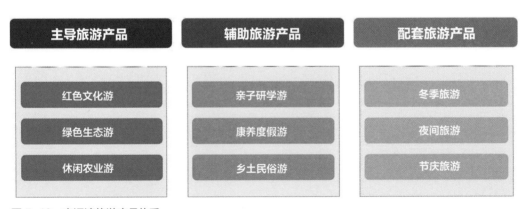

图5-10　南泥湾旅游产品体系

（1）主导旅游产品开发

① 红色文化游："不忘初心·红色南泥湾"

依托南泥湾红色文化品牌，面向红色培训、红色文化观光体验市场，提升革命旧址的展示方式，丰富红色教育培训产品，创新红色文化的体验手段，重点开发红色经典观光、红色教育培训、国防军事训练、红色文化演艺、红色影视体验等产品（表5-2）。

南泥湾主导旅游产品开发　　　　　　　　　　　　表5-2

产品类型	产品品牌	开发方向
红色文化游	不忘初心·红色南泥湾	红色经典观光
		红色教育培训
		国防军事训练
		红色文化演艺
		红色影视体验
绿色生态游	黄土绿洲·生态南泥湾	湿地观光休闲
		山地户外运动
		森林极限探索
休闲农业游	陕北江南·农垦南泥湾	现代农业博览
		休闲农业体验
		品牌农业展销
		大地田园景观

红色经典观光：依托垦区政府旧址、毛泽东旧居、八路军炮兵学校旧址等革命旧址开展传统观光，丰富展示内容，提升展示方式。

红色教育培训：依托以南泥湾精神为精神内核的南泥湾红色文化，面向全国范围内的党政干部、青少年、企事业单位等群体，开展红色教育培训，配套完善的教学、住宿设施。

国防军事训练：依托八路军炮兵学校旧址及其周边的山地、森林资源等，针对青少年教育培训市场，开展国防教育、军事训练、户外拓展等项目。

红色文化演艺：以大型文化演艺项目作为载体，全面展现南泥湾红色文化与精神风貌，增强游客的感知与体验。

红色影视体验：依托三五九旅军垦文化和八路军三五九旅旅部旧居，建设军旅题材影视拍摄基地，为游客提供红色影视观光、体验等服务。

② 绿色生态游："黄土绿洲·生态南泥湾"

依托南泥湾优良的森林山地环境、湿地水库资源等，面向自驾游、亲子游市场，在保护生态的前提下，重点开发湿地观光休闲、山地户外运动、森林极限探索等产品。

湿地观光休闲：依托三台庄水库、南泥湾水库等湿地生态环境良好的区域，开展湿地观光、滨水休闲、水上游乐等项目。

山地户外运动：依托南泥湾沟谷纵横的地形条件，针对户外运动爱好者、亲子游市场，开展登山、徒步、露营、山地自行车、ATV越野车等户外活动。

森林极限探索：依托南泥湾优良的森林生态环境，打造极限探索项目，包括野外生存训练挑战、丛林飞跃、障碍挑战等。

③ 休闲农业游："陕北江南·农垦南泥湾"

延续南泥湾大生产运动时期的农业经济建设传统，面向自驾游、亲子游市场，借助南泥湾探索新型农业现代化发展之路的契机，推进农业与旅游业的深度融合，重点开发现代农业博览、休闲农业体验、品牌农业展销、大地田园景观等产品。

现代农业博览：依托麻洞川乡、临镇镇的现代农业产业基础，加强农业科技的研发与创新，对南泥湾现代农业与未来农业高科技进行展示。

休闲农业体验：依托麻洞川乡的现代农业园、临镇镇的苹果产业园、设施农业园等资源，开展蔬果采摘、农事体验，以及农业文化相关的主题游乐活动等。

品牌农业展销：打造具有南泥湾特色的品牌农业商品，并将品牌展示、衍生品制作、体验与商品销售相结合。

大地田园景观：针对观光休闲市场，种植香紫苏等适应南泥湾当地气候环境的经济作物作为大地景观，优化规划区景观风貌，延长游客的停留时间，并提供相应衍生产品的购买服务。

（2）特色旅游产品开发

① 亲子研学游："亲子学堂·欢乐南泥湾"

依托南泥湾的红色、生态、乡村等资源，面向家庭亲子市场，重点开发课外研学实践、生态自然学堂、亲子休闲娱乐等产品（表5-3）。

产品类型	产品品牌	开发方向
亲子研学游	亲子学堂·欢乐南泥湾	课外研学实践
		生态自然学堂
		亲子休闲娱乐
康养度假游	隐山居水·颐享南泥湾	森林养生度假
		滨水休闲度假
		田园旅居度假
乡土民俗游	黄土风情·乡韵南泥湾	民俗文化体验
		特色景观村落
		主题文化村落

② 康养度假游："隐山居水·颐享南泥湾"

依托南泥湾紧邻中心城区的区位优势和优良的度假环境，面向康体养生、避暑度假市场，重点开发森林养生度假、滨水休闲度假、田园旅居度假等产品。

③ 乡土民俗游："黄土风情·乡韵南泥湾"

依托南泥湾特有的乡村景观风貌、黄土民俗文化资源，面向乡村旅游、民俗旅游市场，重点开发民俗文化体验、特色景观村落、主题文化村落等产品。

（3）专项旅游产品开发

① 冬季旅游产品

为满足我国日益增长的冰雪旅游需求，也为有效平衡南泥湾开发区淡旺季的游客接待量，重点开发冰雪休闲运动、冬季户外运动、冬季民俗体验等产品。

② 夜间旅游产品

通过夜间旅游产品的开发，丰富夜间活动内容，延长游客在南泥湾开发区的停留时间。重点开发实景演艺、夜间休闲、森林观星等产品。

③ 节庆旅游产品

定期举办不同类型的节事节庆活动，不断扩大开发区品牌影响力。重点发展红色文化艺术节、红色主题纪念活动、特色旅游节、国际运动赛事等产品。

（4）旅游项目库构建

规划选取具有较强的带动性与引领性，且具备一定规模、特色突出、吸引力强的项目构建旅游项目库，作为南泥湾开发区旅游发展的重要抓手。

规划围绕红色文化、绿色生态、金色农业三大核心特色，形成了十大引擎项目，具体包括：南泥湾红色小镇、《南泥湾》大型情景文化演艺、南泥湾红色教育培训基地、"炮兵之源"中国炮兵文化博览园、"军垦之源"中国军垦文化体验园、"饮水思源"九龙泉泉水文化村、森林湖畔运动小镇、姚家坡田园养生综合体、麻洞川农业物联网小镇、临镇苹果产业小镇（图5-11）。

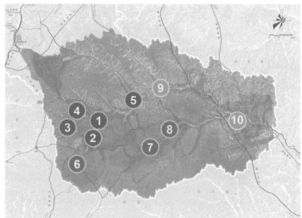

图5-11　南泥湾引擎项目规划图

① 南泥湾红色小镇

项目位于阳湾区域，发展定位为南泥湾大生产运动集中展示地、南泥湾精神核心体验地。规划构建"纪念场馆＋情景街区＋环境景观"复合型展示场景，向游客集中展示南泥湾大生产运动的发展历程、丰硕成果、历史意义、红色文化及精神内涵；创造参与感、互动性展现方式，提升游览体验。重点建设大生产革命旧址、大生产纪念广场及纪念馆、1943大生产文化街区、木器厂文创街区、千亩稻田、景观花海等内容（图5-12）。

② 南泥湾山水史诗秀

项目位于三台庄区域，发展定位为《南泥湾》红色经典的传唱体验地、延安文化演艺新业态、新亮点。规划通过"山水实景秀""红色＋民俗""科技＋文化"丰富南泥湾红色文化内涵，深化游客体验。重点建设南泥湾山水史诗秀、大生产多维情景体验园、红色大合唱舞台等内容。

③ 南泥湾红色教育培训基地

项目位于三台庄（三连沟）- 阳岔沟 - 桃宝峪区域，发展定位为全国一流的红色教育培训基地、军民融合国防教育示范基地。规划面向党政干部培训、青少年研学培训、企事业社会培训等多元主体市场需求，建设红色教育培训基地，延续三五九旅"学习、生产、训练"相结合的方式，丰富培训教学内容。重点建设延安干部培训学院、南泥湾红色大学、青少年国防教育训练基地、户外拓展训练基地等内容。

④ "炮兵之源"中国炮兵文化博览园

项目位于桃宝峪炮兵学校旧址，发展定位为新中国炮兵事业溯源地、全国著名炮兵军事体验园。规划依托延安炮兵学校旧址及其周边的山地环境，结合现代科技手段，打造室内外相结合的互动型军事体验景区，展示中国炮兵事业的发展历程和前沿科技。重点建设炮兵学校旧址历史公园、中国炮兵文化博物馆、VR模拟军事体验馆、军事武器展示区、野外军事互动体验区等内容。

⑤ "军垦之源"中国军垦文化体验园

项目位于金盆湾区域，发展定位为新中国军垦事业溯源地、红色军旅文化体验基地。规划依托三五九旅旅部、点将台等旧址建设大型纪念性主题景观，供游客追思与纪念；恢复部分三五九旅生产、生活、军事训练场所，结合周边碉堡、天文台等构筑物景观，建设军旅主题影视拍摄外景地。重点建设三五九旅旅部旧址群、中国军垦广场（点将台）、红色微电影基地、旗帜359少年军校等。

① 南泥湾红色小镇——南泥湾大生产运动集中展示地、南泥湾精神核心体验地

② 南泥湾山水史诗秀——《南泥湾》红色经典的传唱体验地、延安文化演艺新业态与新亮点

图 5-12　南泥湾红色文化主题引擎项目（一）

③ 南泥湾红色教育培训基地——全国一流的红色教育培训基地、军民融合国防教育示范基地

④ "炮兵之源"中国炮兵文化博览园——新中国炮兵事业溯源地、全国著名炮兵军事体验园

⑤ "军垦之源"中国军垦文化体验园——新中国军垦事业溯源地、红色军旅文化体验基地

图 5-12　南泥湾红色文化主题引擎项目（二）

⑥ "饮水思源"九龙泉泉水文化村

项目位于前后九龙泉村区域，发展定位为陕北第一泉、泉水第一村。规划整理九龙泉泉眼及周边环境景观，展现清冽的泉水景观，并增加红色圣泉的文化背景展示，打造适于游客观赏的特色景点；同时依托九龙泉村，将泉水与茶、酒的制作工艺相融合，发展主题美食、精品民宿与休闲度假项目。重点建设九龙泉饮水亭、九龙茗思源茶庄、南泥湾酒文化体验中心、乡村美食街、九龙驿精品民宿等（图 5-13）。

⑦ 森林湖畔运动小镇

项目位于姚家坡水库及周边区域，发展定位为森林滨湖度假小镇、陕北山地户外运动基地。规划依托水库扩建，建设集生态休闲、滨水度假、特色餐饮等功能的森林小镇；以小镇为核心，周边沟谷布局种类丰富的户外运动项目，包括山地越野、徒步穿越、树顶漫步、生态露营等。重点建设滨湖生态度假村、森林美食中心、森林集装箱酒店、户外运动服务基地、欢乐水世界、冰雪乐园等内容。

⑧ 姚家坡田园养生综合体

项目位于姚家坡农场区域，发展定位为国家田园综合体试点、田园养生都市农庄。

规划建设以休闲农业、景观农业、养生养老、田园度假等功能为核心的田园综合体，为延安市民提供一处乡村颐养的优选之地。重点建设都市休闲农庄、健康养生社区、原乡精品民宿、五谷有机食堂、农耕乐园、乡村学堂、田园牧场等内容。

⑨ 麻洞川农业物联网小镇

项目位于麻洞川乡集镇，发展定位为陕西农业物联网第一镇、陕西现代农业示范镇。规划应用"互联网+"、物联网等现代科技，推动农业全产业链升级；将农业与旅游、健康产业融合，建设集现代设施农业、都市休闲农业等功能于一体的特色小镇，实现农业增效、农民增收和农村繁荣。重点建设智慧农业总部基地、南泥湾农业嘉年华、陕北农产品电商中心、健康公社等内容。

⑩ 临镇苹果产业小镇

项目位于临镇镇区，发展定位为陕西山地苹果之乡、三产融合发展示范镇。规划利用现有基础，延伸苹果产业链，将单一种植区转变为复合型产业区；同时将苹果的产品与旅游商品有机结合，将种植、加工与销售与旅游功能相结合，实现三产融合发展。重点建设苹果加工产业园、特色果品展销中心、金苹果乐园、山地苹果农庄等内容。

⑥ "饮水思源"九龙泉泉水文化村——陕北第一泉、泉水第一村

⑦ 森林湖畔运动小镇——森林滨湖度假小镇、陕北山地户外运动基地

⑧ 姚家坡田园养生综合体——国家田园综合体试点、田园养生都市农庄

⑨ 麻洞川农业物联网小镇——陕西农业物联网第一镇、陕西现代农业示范镇

图5-13 南泥湾绿色生态、金色农业主题引擎项目（一）

⑩ 临镇苹果产业小镇——陕西山地苹果之乡、三产融合发展示范镇

图 5-13 南泥湾绿色生态、金色农业主题引擎项目（二）

5.5.2 原真保护旧址遗存，恢复再现历史场景

（1）科学保护红色文化遗产的历史真实性、风貌完整性

南泥湾红色文化遗产包括中国共产党领导的革命时期，在南泥湾区域发生的，具有重大革命纪念意义、教育意义、科学价值、艺术价值或者史料价值的各种物质和非物质的红色文化表现形式。具体包括（表5-4）：

① 重大历史事件、革命活动和机构的旧址、遗址，包括南泥湾垦区政府旧址、八路军炮兵学校旧址、八路军三五九旅旅部旧址等。

② 重要革命历史人物的故居、旧居、活动地、墓地陵园，包括毛泽东视察南泥湾旧居、朱德阳湾旧居、九龙泉烈士陵园等。

③ 革命历史人物形象、遗物、音像资料等，包括与王震将军、大生产运动、劳动英雄郝树才等人物、事件的记录。

④ 反映革命历史和革命精神的文字、图片、舞蹈、词曲、标语、口号等，如"一把镢头一支枪，生产自给保卫党中央"的劳动口号，《南泥湾》歌曲、舞蹈等。

⑤ 其他物质和非物质的红色文化表现形式。

以保护级别划分，南泥湾开发区内共有1个全国重点文物保护单位（5处）、2个市级文物保护单位和4个宝塔区级文物保护单位，以及8个未定级红色遗址、遗迹点，空间分布上较为分散（图5-14）。

保护现状方面，遗址本体遭受破坏因素主要来自自然侵蚀和人为破坏；遗址周边环境较为杂乱，杂草丛生，部分建（构）筑物对遗址本体产生干扰；部分遗址所依附的山体可能会有滑坡或飞石，需要加固；窑洞建筑潮湿霉变现象较为普遍，存在部件残损、地面开裂、墙体裂缝等现象。除阳湾区域以外，多数遗存点各项管理制度、管理设施尚不完善，保护管理工作不能有序开展。

遗产利用方面，仅南泥湾革命旧址阳湾片区游览较成规模，展示环境良好，公共基础设施较为完善。其他区域红色旅游未成规模，部分遗址点现未开放游览（表5-4）。

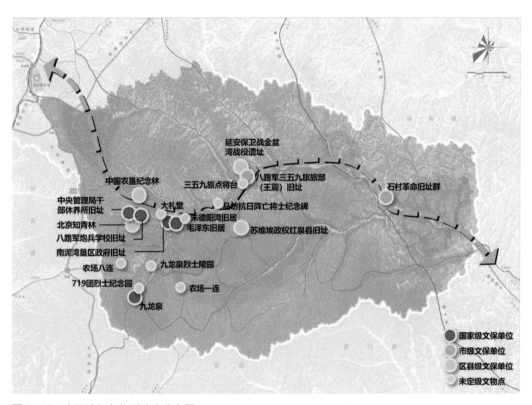

图 5-14　南泥湾红色物质遗产分布图

南泥湾红色遗址遗迹一览表　　　　　　　　　　　表 5-4

序号	名称		位置	级别
1	南泥湾革命旧址	毛泽东视察南泥湾旧居	南泥湾镇阳湾村	全国重点文物保护单位
		南泥湾垦区政府旧址	南泥湾镇阳湾村	
		中央管理局干部休养所旧址	南泥湾镇桃宝峪村	
		八路军炮兵学校旧址	南泥湾镇桃宝峪村	
		九龙泉	南泥湾镇后九龙泉村	
2	八路军三五九旅旅部旧址		麻洞川乡金盆湾村	
3	石村革命旧址群	717团1营机枪连部	临镇镇石村	市级文物保护单位
		牛家大院		
		717团1营4连		

序号	名称		位置	级别
3	石村革命旧址群	717团会议室	临镇镇石村	市级文物保护单位
		717团1营3连		
		717团1营营部		
4	中国农垦纪念林		南泥湾农场	宝塔区重点文物保护单位
5	北京知青林		南泥湾镇桃宝峪村	
6	延安保卫战金盆湾战役遗址		麻洞川乡金盆湾村	
7	苏维埃政权红泉县旧址		麻洞川乡	
8	朱德阳湾旧居		南泥湾镇阳湾村	未定级红色遗址、遗迹
9	九龙泉烈士陵园		南泥湾镇后九龙泉村	
10	马坊抗日阵亡将士纪念碑		南泥湾镇马坊村	
11	南泥湾大礼堂		南泥湾镇	
12	八路军三五九旅点将台		麻洞川乡金盆湾村	
13	三五九旅719团烈士纪念园		南泥湾镇后九龙泉村	
14	农场八连		南泥湾镇	
15	农场一连		南泥湾镇	

我们按照"修旧如旧"原则，实行本体原址保护和周边风貌整治，维护红色文化遗产的历史真实性、风貌完整性和文化传承性，将南泥湾革命旧址从旧民居中"亮"出来。

南泥湾红色文化遗产应当遵循"政府主导、社会参与、保护为主、抢救第一、合理利用、传承发展"的原则，实行统一规划、分级保护、依法认定、属地管理。根据文物保护单位的等级，按照《中华人民共和国文物保护法》有关条款进行保护，并与《延安革命遗址保护条例》《延安革命旧址群利用展示规划》《延安革命遗址（南泥湾革命旧址）保护管理规划》相协调，建立统一的控制线体系。

编制红色文化遗产名录和保护规划，实行区域性整体保护，包括大生产革命旧址群、桃宝峪炮兵学院旧址群、金盆湾三五九旅部旧址群、石村革命旧址群以及延安保卫战战场遗址等重点区域。做好遗址的监测工作，加强安全防护。强化文物保护工作领导小组职责，将红色文化遗存保护工作经费列入本级财政预算，设立保护专项资金。

鼓励对红色文化遗存进行合理利用，打造南泥湾红色文化品牌，提升革命旧址的展示方式，丰富红色教育培训产品，创新红色文化的体验手段。在展示利用的同时，应防止建设性破坏和旅游开发性破坏，避免盲目开发和不合理经营。

（2）修复还原历史场景，激活历史叙事空间

依托现状革命旧址红色遗存，依据历史资料实行建筑风貌整饬更新，进行历史场景原真修复与深度还原；并将历史叙事空间与红色文化景观相结合，以垦区政府旧址为核心，以稻田湿地、万亩林场为景观特色，铺就南泥湾"红色与绿色共融"的环境本底。

基于"沉浸式体验"视角，我们将时间体验定格在1944年大生产运动时期，全景化再现南泥湾三五九旅"生产、生活、战斗"历史情景，全方位展现"军队、军垦、军魂"主题维度，使历史叙事空间场景焕发出新的时代魅力。

在《南泥湾开发区金盆湾三五九旅旧址及周边区域详细城市设计》的项目实践中，我们针对位于南泥湾开发区核心景区的金盆湾地区——南泥湾三五九旅部旧址所在地，展开详细城市设计。并对各片区的重要节点进行详细设计，依据文献书记、历史照片、主题纪录片等各类历史文献，在"修复还原历史场景，激活历史叙事空间"方面进行了相关探索（图5-15~图5-17）。

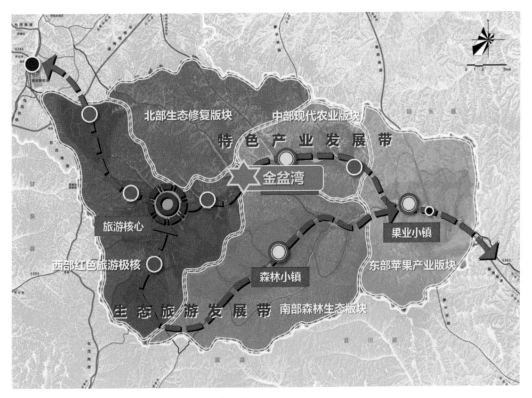

图 5-15　金盆湾之于南泥湾开发区的空间位置图

图 5-16 金盆湾地区空间布局

王震旧居历史场景　　　　织布坊历史场景　　　　造纸坊历史场景

粮库旧址历史场景　　　　石磨坊历史场景　　　　被服厂历史场景

图 5-17 金盆湾主要节点设计历史场景

① 三五九旅旅部史迹观光区

该片区以三五九旅部旧址群原真保护为基础，重点进行三五九旅旅部原址保护展示与历史场景再现。

在三五九旅部旧址群组团，提升打造王震旧居、粮库旧址、旅部大礼堂、库房、档案室、旅部士兵旧居等主题景点。在军部十三坊组团，恢复建设骡马大店、织布坊、被服厂、军鞋厂、修械坊、造纸坊、石磨坊、粉坊、木工坊、肥皂坊、豆腐坊、打铁坊、酒坊、油坊等主题景点。并在各主题景点营造中，提供三五九旅文化学习、办公会议、文艺活动、菜园种植等多种场景展示（图5-18～图5-26）。

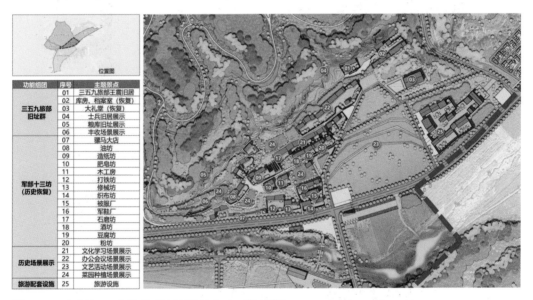

图5-18　金盆湾·三五九旅部史迹观光区——空间布局

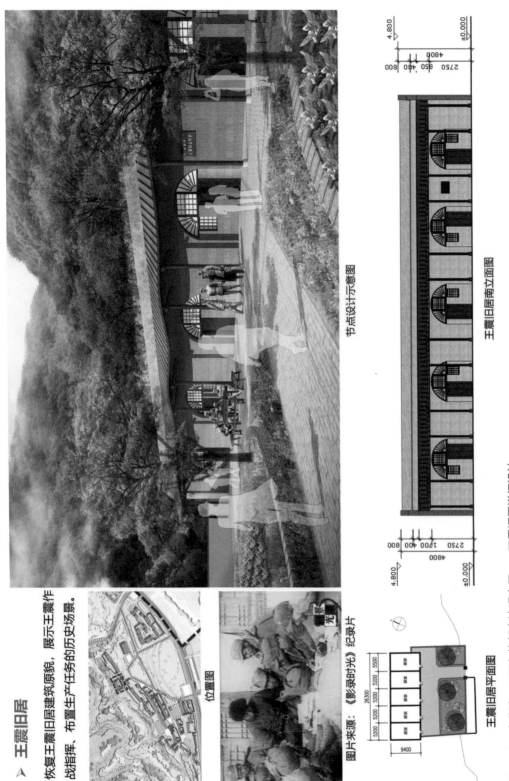

▲ 王震旧居

恢复王震旧居建筑原貌，展示王震作战指挥、布置生产任务的历史场景。

节点设计示意图

位置图

图片来源：《影录时光》纪录片

王震旧居南立面图

王震旧居平面图

图 5-19　金盆湾·三五九旅部史迹观光区——王震旧居详细设计

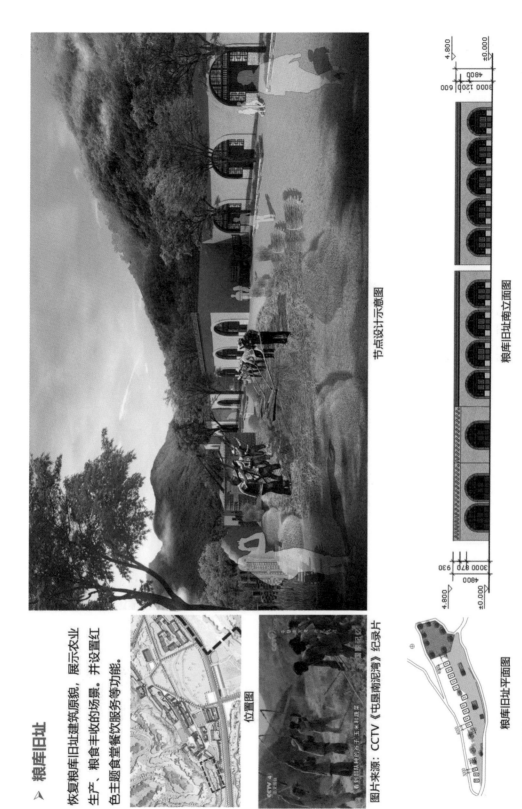

▲ 粮库旧址

恢复粮库旧址建筑原貌，展示农业生产、粮食丰收的场景，并设置红色主题食堂餐饮服务等功能。

位置图

图片来源：CCTV《屯垦南泥湾》纪录片

节点设计示意图

粮库旧址南立面图

粮库旧址平面图

粮库旧址详细设计

图 5-20　金盆湾·三五九旅部史迹部史迹观光区——粮库旧址详细设计

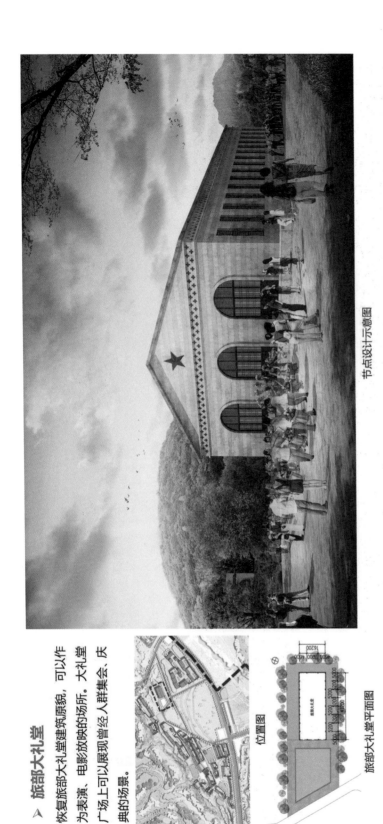

节点设计示意图

旅部大礼堂平面图

位置图

▷ 旅部大礼堂

恢复旅部大礼堂建筑原貌，可以作为表演、电影放映的场所。大礼堂广场上可以展现曾经人群集会、庆典的场景。

旅部大礼堂西立面图

旅部大礼堂南立面图

旅部大礼堂——旅部大礼堂详细设计

图5-21　金盆湾·三五九旅部史迹观光区——旅部大礼堂详细设计

节点设计示意图

▲ 旅部士兵旧居

恢复旅部士兵居住旧址建筑原貌，
展现士兵生活历史场景。提供书吧、
红色课堂等内容。

位置图

图片来源：CCTV《屯垦南泥湾》纪录片

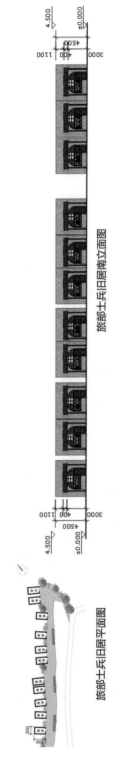

旅部士兵旧居南立面图

旅部士兵旧居详细设计

旅部士兵旧居平面图

图 5-22　金盆湾·三五九旅部史迹观光区——旅部士兵旧居

▲ 骡马大店旧址

恢复骡马大店旧址建筑原貌，展现历史商贸往来、生意兴隆的历史场景。提供地区土特产、旅游纪念品售卖等内容。

位置图

图片来自：《影录时光》纪录片

节点设计示意图

骡马大店南立面图

骡马大店平面图

图 5-23 金盆湾·军部十三坊片区——骡马大店旧址详细设计

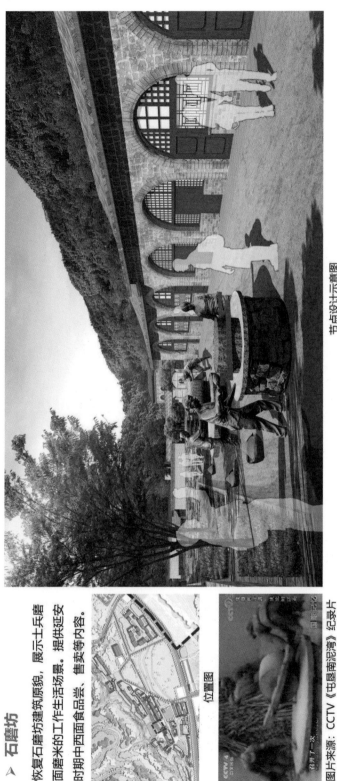

节点设计示意图

石磨坊南立面图

▲ 石磨坊

恢复石磨坊建筑原貌，展示土兵磨
面磨米的工作生活场景。提供延安
时期中西面食品尝、售卖等内容。

位置图

图片来源：CCTV《屯垦南泥湾》纪录片

石磨坊平面图

图5-24 金盆湾·军部十三坊片区——石磨坊详细设计

织布坊

恢复织布坊建筑原貌，展示土兵村民织布纺线，劳动生产的场景。设置纺纱织布体验，织染纪念品售卖等内容。

节点设计示意图

织布坊南立面图

位置图

图片来自：CCTV《电建南泥湾》纪录片

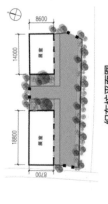

织布坊平面图

图 5-25　金盆湾·军部十三坊片区——织布坊详细设计

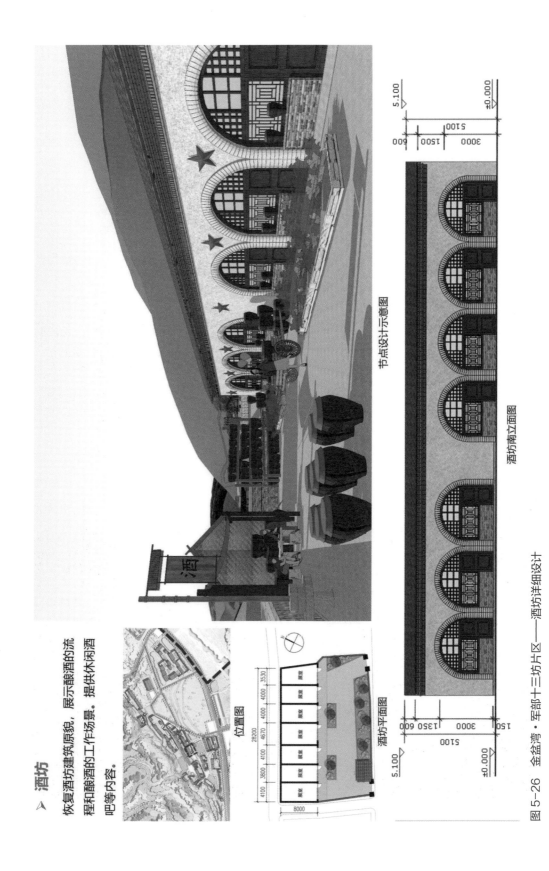

▲ 酒坊

恢复酒坊建筑原貌，展示酿酒的流程和酿酒的工作场景。提供休闲酒吧等内容。

位置图

节点设计示意图

酒坊南立面图

酒坊平面图

图5-26 金盆湾·军部十三坊片区——酒坊详细设计

② 金盆湾战争遗址公园片区

该片区的主题定位为：盆湾阻击战场景、回顾延安保卫战历史风采。通过加强战争遗址遗迹保护与景观环境提升，纪念性节点情景化再现，建设以纪念延安保卫战为主题的战争遗址公园（图5-27～图5-29）。

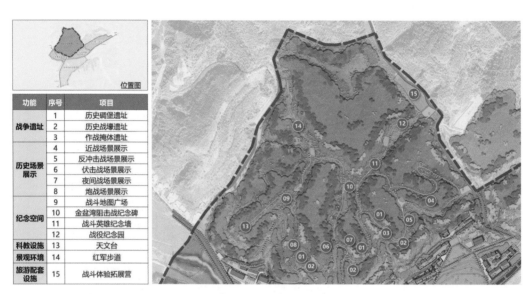

功能	序号	项目
战争遗址	1	历史碉堡遗址
	2	历史战壕遗址
	3	作战掩体遗址
历史场景展示	4	近战场景展示
	5	反冲击战场景展示
	6	伏击战场景展示
	7	夜间战场景展示
	8	炮战场景展示
纪念空间	9	战斗地图广场
	10	金盆湾阻击战纪念碑
	11	战斗英雄纪念墙
	12	战役纪念园
科教设施	13	天文台
景观环境	14	红军步道
旅游配套设施	15	战斗体验拓展营

图5-27　金盆湾·战争遗址公园片区——空间布局

图5-28　金盆湾·战争遗址公园片区——节点设计

近战场景展示

红军步道

战斗英雄纪念墙

战斗体验拓展营

图5-29　金盆湾·战争遗址公园片区——节点示意

　　在战争遗址组团，保护修缮历史碉堡遗址、历史战壕遗址、作战掩体遗址。在历史场景展示组团，全景化展现近战场、反冲击战、伏击战、夜间战、炮战等丰富历史场景。对遗存下来的战斗遗址进行保护修复，将雕塑与空间环境相结合，显示战斗的情景；并将战斗场景展示与游客体验活动相融合，成为战斗文化体验地、军旅精神的弘扬地。

　　在纪念空间营造方面，打造战斗地图广场、金盆湾阻击战纪念碑、战斗英雄纪念墙、战役纪念园等主题节点。并配套建设天文台、战斗体验拓展营等设施，以红军步道将系列景点与服务设施进行串联。

5.5.3　营造主题纪念空间，创新文化展现形式

（1）构建多维度的纪念空间体系，重塑南泥湾精神空间

　　南泥湾作为国家重大历史事件发生地和纪念地，其使命是面向当下和未来讲好南泥

湾故事。我们在南泥湾开发区主要门户、核心景区重要节点，建设丰富类型的重要仪式空间，包括主题展馆、纪念碑、纪念广场、稻香门、艺术景观稻田等，打造传承南泥湾红色精神的新时代文化载体与景观地标。

在核心纪念空间外，延伸出"军垦之源、炮兵之源、饮水思源"等展现劳动文化、革命文化、军民融合等精神内涵的主题体验片区，整体构建由"节点＋线路＋片区"构成的多维度纪念空间体系，重塑南泥湾精神空间。

以我们在《南泥湾开发区金盆湾三五九旅旧址及周边区域详细城市设计》实践中点将台纪念景观区的节点设计为例。

点将台纪念景观区的主题定位为：展现三五九旅光辉历史，纪念不朽红色军魂。我们以点将台历史景观保护为前提，以三五九旅大生产、大练兵等历史背景为主线，利用规划区南部农田景观环境，通过纪念性雕塑群、展览馆、纪念性广场等建设，形成展现三五九旅光辉历史、纪念将士英雄的场所（图5-30～图5-34）。

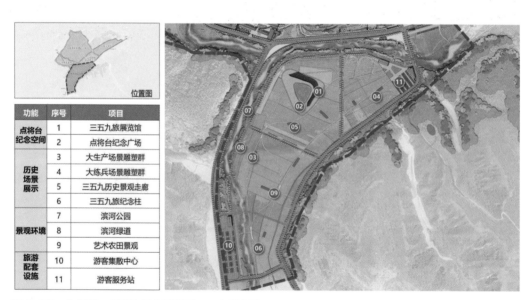

功能	序号	项目
点将台纪念空间	1	三五九旅展览馆
	2	点将台纪念广场
历史场景展示	3	大生产场景雕塑群
	4	大练兵场景雕塑群
	5	三五九历史景观走廊
	6	三五九旅纪念柱
景观环境	7	滨河公园
	8	滨河绿道
	9	艺术农田景观
旅游配套设施	10	游客集散中心
	11	游客服务站

图5-30　金盆湾·点将台纪念景观区——空间布局

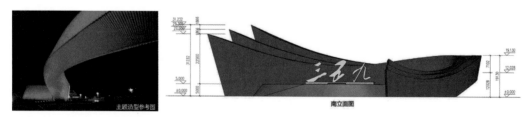

图5-31　金盆湾·点将台纪念景观区——三五九旅展览馆立面设计（一）

东立面图

图 5-31　金盆湾·点将台纪念景观区——三五九旅展览馆立面设计（二）

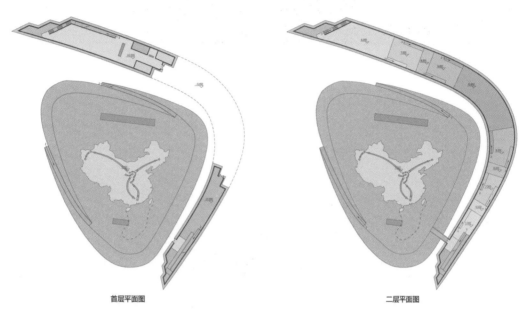

首层平面图　　　　　　　　　　　　二层平面图

图 5-32　金盆湾·点将台纪念景观区——三五九旅展览馆平面设计

图 5-33　金盆湾·点将台纪念景观区——点将台纪念广场详细设计

图片来自：CCTV《国家记忆 - 屯垦南泥湾》纪录片

艺术景观稻田（秋景）

艺术景观稻田（春景）

图 5-34　金盆湾·点将台纪念景观区——艺术景观稻田详细设计

● 三五九旅展览馆

设计构思：三五九旅军旗不倒、建筑形象昭示军魂。

展馆的造型取飘逸的红旗之意，用红色穿孔板打造其外形，将其围在点将台周边。部分深入地下，部分飘在空中，形成生长之势。展馆外形线条流畅，造型优美，形成片区的标志性建筑。

● 点将台纪念广场

设计构思：点将台展示行军路线图、景观广场纪念战士军魂。

点将台纪念广场上设三五九行军路线图为元素的铺装，行军路线等用铁铸的箭头、文字等标出。广场北侧设毛泽东字体的"三五九"纪念雕塑。广场南侧设花岗岩石碑，上镶嵌王震题诗。石碑前设景观花丛。

设计采用的纪念性展示元素包括：象征三五九旅不朽军魂的三面红旗（内部为三五九旅纪念馆）；毛主席题字的三五九旅文字雕塑；刻画三五九旅历史足迹的地图广场；王震将军描述三五九旅的四行诗；报道西北局"生产英雄"的《解放日报》。

● 艺术景观稻田

设计构思：采用稻田景观大地艺术的设计手法，艺术再现三五九旅"大生产运动"的经典历史图景（图 5-34）。

（2）创新文化展现形式，传承南泥湾理想信念

南泥湾的时代意义，在于"红色精神洗礼"。我们通过以旧址的展示利用表现精神、以文化演艺的形式体验精神、以教育培训的方式传承精神、以"精神＋"的内核实践精神，全面传承南泥湾理想信念，打造名副其实的"红色南泥湾"（图 5-35）。

以旧址的展示利用表现精神。对革命旧址进行合理展示与利用，提升陈列布展水平，适当采用多媒体、全息投影、VR 体验、数字化博览等现代科技手段，为游客呈现最真实、最朴素的南泥湾历史记忆和精神风采。

以文化演艺的形式体验精神。充分挖掘南泥湾红色文化内涵，将红色文化资源与现代演艺科技手段相融合，通过多种艺术表现手法的综合运用，以及声、光、电等高科技手段强化视听效果，给予游客更全面、直观、生动的体验。

以教育培训的方式传承精神。依托红色文化景观和历史场景，规划建设干部培训学院、农垦教育基地、青少年营地等，不断创新红色教育培训的培训模式和教学体系，综

合运用课堂教学、现场教学、拓展训练、情景模拟等多种教学方式，面向党员干部群体、企事业社会群体、青少年群体，开展一堂生动的理想信念教育课，传承和发扬南泥湾精神。

以"**精神＋**"的内核实践精神。将南泥湾精神融汇到南泥湾红色旅游的方方面面，包括建筑风貌、景观环境、表演活动等，还原南泥湾大生产时期抗日军民团结一致的生产热情，以及五谷丰登、百业繁荣的可喜景象。

红色文化实景演艺

创新文化展陈形式

革命战场军事互动

丰富红色教育培训

图 5-35　创新文化展现形式，传承南泥湾理想信念

5.6　突破点二：统筹生态地区保护发展路径，建设"陕北好江南"

5.6.1　保护绿水青山，构建绿色生态本底

规划严守生态红线和环境容量底线，加强对重要湿地、水源保护地、生态公益林以及红色文化遗产的保护，严格控制人为因素对自然生态和文化遗产原真性和完整性的干扰。

按照生态系统完整性原则，结合黄土高原丘陵沟壑区自然环境，规划构建山水林田湖草一体的"三片、六块、多廊、多点"的综合生态空间格局，以及水源涵养、生态修复、水土保持、旱作农业、森林资源及生物多样性保持等五大生态功能区（图5-36）。

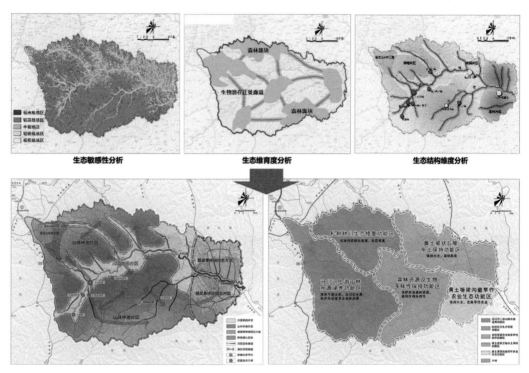

图5-36 南泥湾生态安全格局与生态功能分区

"三片"指川道农田片区、山体林地片区及塬梁果林田综合片区。三种类型的片区因不同的地形、地貌及用地属性共同组成了生态基底，需实施不同的保护、修复或开发措施。"六块"指丘陵山地上处于生长成熟阶段，郁闭度较高的六大块核心林地斑块。其对水源涵养、控制水土流失、维持生物多样性具有重要意义，需严格保护森林资源，严禁采伐，落实天保、三北、退耕还林还草工程。

"多廊"指连接多块林斑的潜在生物迁徙通道及河流水系生态廊道。生物迁徙廊道对提供生物迁徙通道、保护生物多样性、促进物质、能量和基因的流动具有重要意义，应在未来城市建设中注重潜在生物迁徙通道的预留，保障区域生物多样性。"多点"即重要的水库、湿地、森林公园生态节点。其对改善区域小气候、提供旅游、休憩空间具有重要意义，可作为重点生态、景观节点打造。

此外，规划建设南泥湾国家湿地公园、蟠龙山国家森林公园等生态基础设施，重点保护和恢复以褐马鸡为旗舰物种的自然生境，构建"湿地－稻田－森林"复合湿地生态系统，夯实南泥湾开发区的"绿色"本底。

5.6.2 转化金山银山，三产融合发展

遵循"保护优先、合理利用"的基本原则，在尊重自然、保护自然的前提下，厚植生态产品价值，将南泥湾的"绿水青山"转化为"金山银山"。通过创新"红色旅游＋金色农业"、推动"红色旅游＋旅游商品加工"、深化旅游产业与城镇服务业融合发展，构建"以农业为基础，旅游业为龙头"产业集群，推动一、二、三产业融合发展。

（1）创新"红色旅游＋金色农业"

目前南泥湾开发区的第一产业以传统苹果、瓜菜种植为主，具有一定特色与品牌，但农地利用尚不充分，且缺乏深度加工，附加值较低，还未与二、三产业形成很好的联动作用。

培育特色农产品。以"一村一品"为抓手，以"山地苹果、台地小杂粮、川地蔬菜、拐沟养殖"为产业布局原则，大力推进林果、蔬菜、沼畜等农业生产专业村建设，形成"高品质、高文化内涵、高品牌影响力、高附加值"产品体系。发展生态养鱼、林下养殖、食用菌、花卉、精品水果等高效特色农业，建设一批田园综合体、农业示范园区、休闲度假专业村镇，拓展现代农业发展空间和农民增收渠道。

推进农业现代化。将南泥湾建设成"引领黄土高原现代生态农业发展的典型和样板"。构建现代农业产业体系，促进农业与一、二、三产业融合发展，由传统农业向现代农业、循环农业、观光农业、休闲农业、生态农业、特色农业转型。加强农业科技研发，推广覆盖全产业链的新品种、新技术、新设施，提升农业信息化公共服务平台功能。推进农村电商发展。促进农业经营主体、加工流通企业与电商企业全面对接融合，形成线下培育种植、线上营销的产销一体化经营模式。

拓展农产品加工。引导加工企业向农产品主产区、产业园区集中，在农特产品产地打造加工产业集群，并促进农特产品向旅游商品转化。加快农产品冷链物流仓储发展，实现生产、加工、流通、消费有效衔接。大力推广"生产基地＋加工企业＋线上线下商超销售"等产销模式。

创建南泥湾农业品牌。实施品牌带动战略，以打造"南泥湾"系列农业品牌为目标，建设延安苹果、南泥湾瓜菜、南泥湾酒厂、南泥湾香谷米、南泥湾小杂粮等系列品牌，加快培育麻洞川彩色红薯、临镇有机西瓜等新品牌，统一开展宣传推介活动，整合为具有影响力的"南泥湾"大品牌。

（2）推动"红色旅游 + 旅游商品加工"

以地域性文化、传统优势产品为依托，实现农副产品、文创产品、手工制品等旅游商品的系列化、系统化开发，走精品化、高附加值的发展路线。在游客中心、购物街、商铺柜台等人流量聚集区域设销售网点，并结合线上销售渠道。此外，以传统手工艺作坊为载体，在簸箕湾、石村等民俗文化村落建设非物质文化遗产观光作坊、体验工坊，实现旅游体验、工业生产、工艺参观、非遗传承的有效结合。

（3）旅游产业与城镇服务业融合发展

旅游 + 城镇化。按照"居游共享"理念，以南泥湾核心景区和红色文化小镇为龙头，带动麻洞川、临镇特色小镇和周边美丽乡村建设。发挥旅游产业对就业、增收、扶贫的带动作用，加快农业转移人口市民化，提高城乡居民的生活水平和获得感。不断完善规划区公共服务、旅游服务和基础设施，实现"居游共享"，建设涵盖规划区的城乡的一体化服务体系，推进以人为核心的新型城镇化。

旅游 + 文化产业。文化是旅游的灵魂，旅游是文化的载体，二者密不可分、相辅相成。推动南泥湾开发区文化和旅游产业融合发展，有助于加快红色文化、教育培训产业发展，促进旅游产业转型升级。规划加快以红色文化、地域文化为基础的文化旅游项目建设，完善旅游要素和旅游吸引物。通过文化旅游产品开发、文化旅游纪念品市场推广、大型节庆活动、主题纪念日，促进文化与旅游的深度融合。

旅游 + 教育培训。以"体验大生产运动、学习南泥湾精神"为主线，大力发展爱国主义与革命传统教育、国防教育训练、夏 / 冬令营青少年研学等教育培训产业。针对干部培训、青少年培训和社会培训细分市场，创新教育培训的形式、载体、产品，延伸旅游与教育培训产业链。

旅游 + 大健康。旅游、文化、体育、健康、养老被称为五大幸福产业，与人们的生活品质息息相关。规划以特色小镇和美丽乡村为载体，按照"医养结合、医食同源"的思路，在旅游项目中融入康养、运动、保健功能，如依托南泥湾森林峡谷景区开展森林养生，依托姚家坡农场开展田园养老，依托麻洞川乡健康公社开展食疗养生等。

（4）构建产业融合发展格局

产业空间上形成一南一北两大区域。南部为文化旅游产业集聚区，主要包括西部红色旅游极核、南部森林生态版块区域。北部为农业产业集聚区，由北部生态修复版块、中部现代农业版块以及东部苹果产业版块相关区域构成（图5-37）。

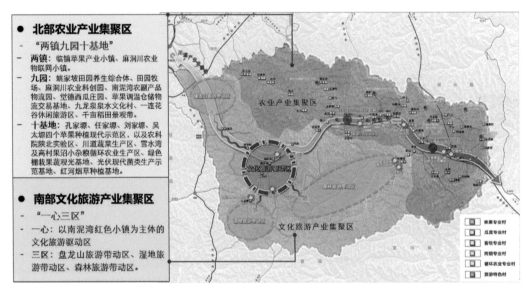

图5-37 南泥湾产业空间布局图

南部文化旅游产业集聚区。该片区以"旅游＋文化""旅游＋生态"为主要特征，重点发展文化观光体验、红色培训、度假休闲、森林户外运动等旅游业态。空间上呈"一心三区"结构，一心为以南泥湾红色小镇为主体的文化旅游驱动区，辐射带动三区，即以盘龙山国家森林公园为核心的盘龙山旅游带动区、以南泥湾国家公园为核心的湿地旅游带动区、以南泥湾森林峡谷景区为核心的森林旅游带动区。

北部农业产业集聚区。该片区重点突出农产品生产、农业观光、养生体验等功能和目标，建设一批重点农业项目，形成"两镇九园十基地"的总体布局。"两镇"包括临镇苹果产业小镇、麻洞川农业物联网小镇。"九园"包括：姚家坡田园养生综合体、田园牧场、麻洞川农业科创园、南泥湾农副产品物流园、觉德西瓜庄园、苹果调温仓储物流交易基地、九龙泉泉水文化村、一连花谷田园综合体、千亩稻田景观带。此外，规划区内结合各特色产品产区，建设十大特色产品基地（表5-5）。

"两镇九园"主要建设内容 表5-5

项目类型	项目名称	主要建设内容
两镇	临镇苹果产业小镇	建设三产融合的临镇苹果产业小镇，包括苹果加工产业园，苹果特色旅游产品展销中心，苹果主题游乐园，以及串联塬上塬下、主打农事体验的山地苹果农庄等
	麻洞川农业物联网小镇	以麻洞川蔬菜产业为基础，应用物联网等现代科技，推动农业全产业链升级，建设集现代设施农业、休闲农业等功能于一体的特色小镇。主要内容有农业嘉年华，集办公、科研、展示、孵化、运营、金融与平台服务等于一体的智慧农业总部基地，陕北农产品电商中心，以"农业＋大健康产业"为核心的智慧农业健康公社等
九园	姚家坡田园养生综合体	依托姚家坡农场，建设以休闲农业、田园养生、乡村度假为核心功能的田园养生综合体，纳入陕西田园综合体试点范围
	田园牧场	打造羊、牛、驴等现代畜牧业示范基地，并将畜牧业与休闲旅游业相结合，针对家庭亲子游市场，设置畜牧养殖体验区，提供观赏、喂食、剪羊毛等观光科普活动
	麻洞川农业科创园	包括农业新技术研发、农机研发、农作物新品种试验示范中心、专业人才培训基地、苹果制品科技研发中心等
	南泥湾农副产品物流园	位于樊村东南部，依托蒙华铁路建设，解决南泥湾当地生产的农副产品仓储、运输问题
	觉德西瓜庄园	在觉德大拱棚西瓜、甜瓜种植的基础上，引进多个西瓜品种及其他时令水果，打造临镇有机西瓜品牌，并开展西瓜采摘、西瓜创意集市、西瓜冷饮制作、西瓜雕刻比赛等活动，夏季举办亲子西瓜主题节庆
	苹果调温仓储物流交易基地	临近觉德村重要交通节点，建设苹果调温仓储物流基地，用于果品保鲜储藏与加工集散
	九龙泉泉水文化村	依托上下九龙泉村、饮水亭，及现有的南泥湾酒厂，打造南泥湾酒文化体验中心，在原有小米袋、盛世延安、三兆福等白酒品牌基础上，进一步将传统粮食（老玉米）种植向二次加工酿酒业方向转化，同时发展酿酒工艺展览、主题餐饮、精品民宿等项目
	一连花谷田园综合体	在一连沟打造景观农业区，种植荷花、向日葵、香紫苏等景观作物，沟内发展中草药种植、食用菌培育、健康养生、休闲度假等核心功能
	千亩稻田景观带	在川道汾川河沿线，建设稻田农业景观带

5.7　空间整合：构建红绿联动的总体空间格局

综合考虑规划区的自然景观环境、旅游资源分布、未来交通网络和区域空间联系等综合因素的基础上，构建"一心三镇·两带五区"的空间发展格局（图5-38）。

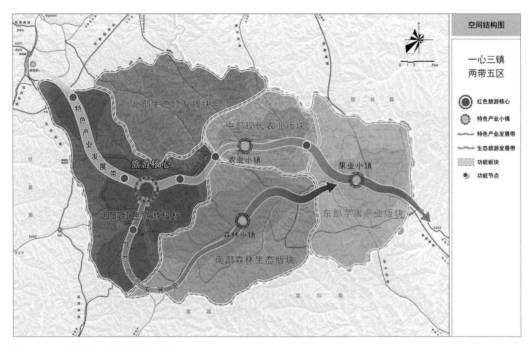

图 5-38 南泥湾空间发展格局图

其中"一心三镇"是重点进行资源挖掘和项目建设核心区域，"两带五区"是规划区全域建设和旅游发展的宏观空间引导。

一心：红色旅游核心。以大生产纪念场所和稻田景观为核心，以南泥湾红色小镇为主体，建设南泥湾红色旅游核心，引领规划区整体发展。

三镇：麻洞川农业小镇、临镇果业小镇、姚家坡森林小镇。结合城镇建设与旅游发展，做强做优麻洞川、临镇等乡镇优势产业，针对旅游休闲的细分市场，依托国家在特色小镇、现代农业、乡村旅游、森林旅游的政策引导与产业支持，规划麻洞川农业小镇、临镇果业小镇、姚家坡森林小镇三处各具特色的小镇，城镇建设与旅游发展相融合。

两带：特色产业发展带、生态旅游发展带。① 特色产业发展带，以汾川河和红色旅游公路为发展廊道，对外连接区域交通通道，联通主要客源市场，实现外部资源与规划区内部的高效联系。内部围绕特色产业发展带，进一步强化对红色文化资源保护与利用，完善核心景区与重要项目的基础设施与旅游要素配置，同时推动新型城镇化与新型社区建设，促进现代农业与特色种植产业升级。② 生态旅游发展带，依托南部川道森林资源，以规划旅游外环线为骨架，拓展规划区发展空间。生态旅游发展带将沿线红色文化资源、生态环境资源和特色景观风貌进行整合开发，在红色文化基础上植入运动休闲、康养度假、民俗体验等特色旅游产品和主题文旅项目，带动多元化发展。

五区：西核、南林、东果、中农、北修。依托资源优势与空间特征，规划布局"西核、南林、东果、中农、北修"五大功能版块。

"西核"：西部红色旅游极核以红色文化为核心、绿色生态为基础，重点发展红色文化观光体验、红色教育培训、湿地科普观光、森林户外运动等功能，是规划区发展的核心版块。

"南林"：南部森林生态版块以山水风光、森林峡谷为主要特征，以山地运动、滨水休闲、森林度假、田园养生为主要功能。

"东果"：东部苹果产业版块以临镇山地苹果为核心特色，以苹果种植、农庄采摘、果业加工、果品销售为主要功能，着力构建一、二、三产业融合发展的现代苹果产业区。

"中农"：中部现代农业版块依托麻洞川乡瓜菜农业基础，大力发展设施农业、科技农业、生态农业、休闲农业、特色农业，建设新型现代农业示范区。

"北修"：北部生态修复版块位于南泥湾镇北部、麻洞川乡西北部的石油开采区域，规划在版块内针对石油开采片区山体、采油井场、水库河流因地制宜，实施生态修复。

5.8 规划实施

在南泥湾系列规划实践过程中，项目组在用地、功能、设施等方面实现项目设计与总体规划的协调对接；对后续详细规划、建筑设计、景观工程设计等建设项目在布局、功能、风貌等方面提出规划管控要求与技术指导服务，实现"一张蓝图干到底"。

南泥湾开发区正逐步按照"全国著名红色旅游目的地、国家级红色教育培训基地、国家级生态文化旅游目的地和国家 5A 级景区"的发展目标稳步实施。现阶段，以南泥湾红色小镇为核心的发展引擎开始逐步带动周边区域开发建设、乡村振兴和经济社会发展，并吸引了现代农业、红色教育、红色旅游和生态康养等多类企业数十亿的项目投资。

（1）红色旅游发展方面，2020 年 9 月，南泥湾入选国家发展改革委、文化和旅游部评选的全国 60 个红色旅游发展典型案例。

（2）红色遗产保护方面，按照"修旧如旧"原则，八路军炮兵学校旧址、中共中央干部休养所旧址、毛主席视察南泥湾旧居等系列红色文化遗产及周边区域逐步呈现出大生产时期艰苦朴素的场景氛围，三五九旅旅部等旧址进入新一批国保名录，逐步成为"红色南泥湾"的本底（图5-39）。

图 5-39 南泥湾炮兵学校革命旧址改造前后

（3）红色文化传承方面，代表开发区新功能新形象的稻香门、党徽广场等标志性节点已建成。大生产纪念馆、延安干部培训学院南泥湾分院、南泥湾国防军事教育基地等红色教育设施已陆续建成并对外开放（图5-40）。

（4）生态保护方面，南泥湾国家湿地公园通过2019年试点国家湿地公园验收，作为黄土高原丘陵沟壑区湿地保护典范，基本实现了湿地生态环境的改善和湿地自然资源的合理利用，成为陕北地区首个国家级湿地公园。

（5）农业发展方面，依托现代农业发展带，袁米集团袁隆平试验田、北大荒集团稻米景观田、国家现代农业庄园等逐步建成，主打"南泥湾"品牌的南泥湾五谷杂粮、南泥湾大米、南泥湾野芙蓉、南泥湾酒等相关农业产品逐步推向市场。

（6）民生保障方面，南泥湾红色文化小镇核心区、居民保障安置小区一期主体已竣工，开发区景观道路、旅游服务与基础设施逐步完善。按照"居游共享"理念，结合红色遗产保护和乡村振兴的九龙泉泉水文化村、马坊华润希望小镇、金盆湾军垦文化村等项目进入初步实施阶段。

图 5-40　南泥湾开发区近期实施效果（湿地公园、袁隆平试验田、南泥湾学院、农垦酒店）

第6章 湖北红安——红色旅游＋全域旅游

6.1 项目概况

湖北省黄冈市红安县是两位国家主席和两百位将军的故乡，走出了红四方面军、红二十五军、红二十八军三支红军主力部队，是中国三大起义之———黄麻起义的策源地和爆发地，是鄂豫皖苏区早期的政治、经济、文化中心，红色文化资源十分丰富。

根据住房和城乡建设部2014年定点扶贫工作计划的安排，中国城市规划设计研究院文化与旅游规划研究所承担编制《湖北红安县红色旅游发展规划》，作为引导红安县旅游业2015～2030年可持续发展的指导性文件。

在本章节，我们通过在红安县的规划实践，重点探讨如何将红色旅游与全域旅游紧密结合：以全域旅游为发展理念，充分发挥旅游业的带动作用，在全域范围内优化配置经济社会发展资源，构建全域大旅游综合协调管理体制，打造共建共享的红安文化旅游发展新格局。

6.2 地域特征与发展条件

红安县为湖北省黄冈市下辖县，县域面积1796km²，包括12个乡镇场和1个管委会。红安拥有优越的区位条件：地处湖北省东北部大别山南麓，位于鄂豫皖三省交界处，历史上就是鄂豫皖地区的交通枢纽与地理中心；由于位于武汉1h交通圈内、是大别山区域内最靠近武汉中心城区的地区，红安成为大别山旅游经济带的龙头（图6-1）。

红安拥有山水丘陵、生态优良、气候舒适的自然环境；受荆楚文化浸润，革命文化洗礼，创造了光辉灿烂的文化，其鄂东民俗文化、二程理学文化、天台佛禅文化、古典军事文化等丰富多彩。社会经济方面，红安县经济总量小、城镇化水平低，三产比重为33：49：28，现状经济结构以第二产业为主导。

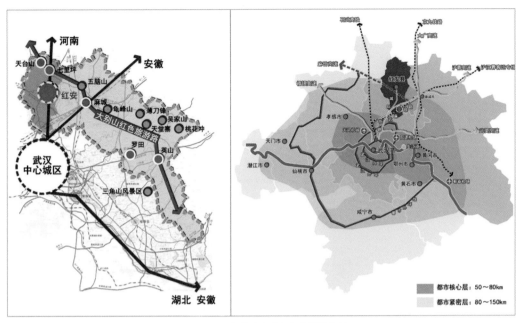

红安县在大别山地区的位置   红安县在武汉都市圈的位置

图6-1 红安县区位分析图

6.2.1 红色文化特征

（1）苏区圣地·红军摇篮·将军传奇·领袖家乡

红安是全国第二大苏区鄂豫皖革命根据地所在地。"红军"一词在此正式诞生，这里走出了红四方面军、红二十五军、红二十八军，是人民军队的重要摇篮。红安是全国第一"将军县"，总共诞生了61位开国将军。红安也是建党先驱董必武和国家领袖李先念的故乡（图6-2）。

（2）红安精神：朴诚勇毅·不胜不休

在中国革命波澜壮阔的历史长河中，红安精神是千千万万革命烈士在长期艰苦卓绝的战斗中形成的。"朴诚勇毅，不胜不休"，原为红四方面军的军训，"朴"，就是朴素实在，艰苦奋斗，求真务实。"诚"，就是忠诚诚信，忠心耿耿，顾全大局。"勇"，就是敢于斗争，勇于创新，勇于献身。"毅"，就是坚毅顽强，坚韧执着，自强不息。参加革命不取得胜利誓不罢休。

事件：黄麻起义　　　　　　　　地域：苏区圣地

不屈　开放
坚韧　凝聚

人物：将军传奇　　　　　　　　军队：红军摇篮

图6-2　红安县红色文化特征分析

6.2.2　旅游资源特征

红安县共有 354 处旅游资源单体，包括 8 个主类、21 个亚类、46 个基本类型。其中优良级旅游资源 74 处，占全部旅游资源 20.9%（图 6-3）。

红安县旅游资源组合条件较好，适于联动组合开发。红安县的红色、绿色、古色、土色等多种资源类型在小范围空间内组合紧密，适于进行联动组合开发，从而提升整体价值与吸引力。

红安拥有国家级高品质旅游资源，具备较大的开发潜力。黄麻起义和鄂豫皖苏区纪念园、李先念故居纪念园、长胜街及革命旧址群等红色资源均为国家级高品质资源，在全国范围内具有特殊性与唯一性。红安县具备建设成为中国红色旅游胜地的基础条件。

但目前红安县对旅游资源转化利用的方式较为单一，形成的旅游产品影响力有限，对资源的总体开发利用情况仍亟待改善提升。

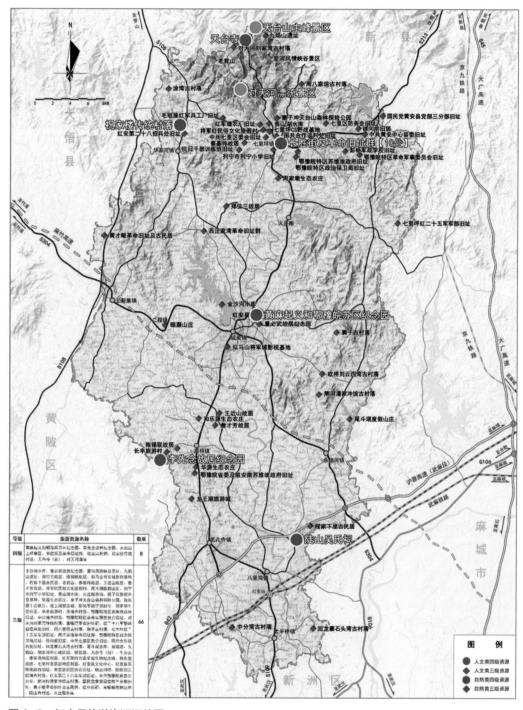

图6-3 红安县旅游资源评价图

6.2.3 旅游发展现状

在产业规模方面，近年来红安县旅游产业整体增长态势强劲；2013 年红安县共接待游客 330 万人次，比上年增长 31.0%，实现旅游综合收入 18.85 亿元，增长 36.6%。从 2007 年至 2013 年，红安县旅游收入的年均增长率均高于县域 GDP 的年均增长率，红安县旅游业对国民经济的贡献程度逐渐增加。目前，红安县与罗田县、麻城市在黄冈市旅游发展水平中并属第一梯队（图 6-4）。

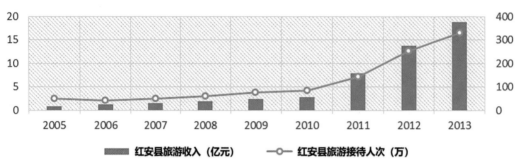

图 6-4　2005-2013 年红安县旅游收入及旅游接待人次

作为县城，红安县的景区级别及游客量都相对较高，但游客的停留时间较短，旅游收入较低。尤其自 2009 年起，红安县所有红色景区免票，从 2005～2013 年红安县 3 个 A 级红色景区接待人次和旅游收入可以看出，黄麻起义和鄂豫皖苏区纪念园和七里坪镇长胜街景区的收入下滑较大（图 6-5、图 6-6）。

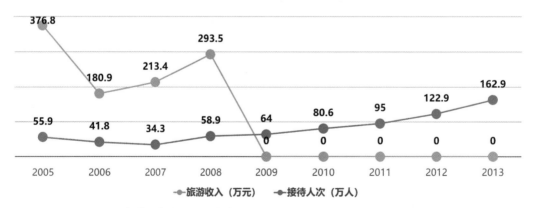

图 6-5　2005-2013 年黄麻起义和鄂豫皖苏区纪念园接待人次和旅游收入

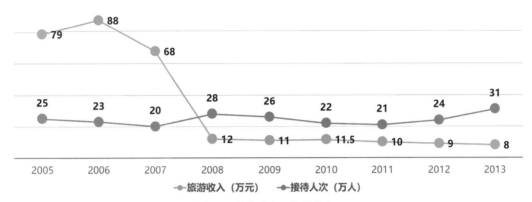

图 6-6　2005-2013 年七里坪镇长胜街景区接待人次和旅游收入

在景区建设方面，截至 2013 年红安全县共有景区 28 个（其中 A 级景区 4 个），景区类型以红色景区为主。红安县共有红色景区 17 个，占总数的一半有余。A 级景区中有 3 个是红色景区，分别为李先念故居纪念园、黄麻起义和鄂豫皖苏区革命烈士纪念园、七里坪镇长胜街景区（图 6-7）。

李先念故居纪念园

天台山风景区

黄麻起义和鄂豫皖苏区革命烈士纪念园

七里坪镇长胜街景区

图 6-7　红安县现状景区建设

红安县的红色景区主要包括名人（将军）故居、革命旧址和红色影视拍摄基地三种类型。其中将军故居的开发方式以原址修复为主，展示利用形式较为单一、内容单薄、吸引力不强。红色影视拍摄基地的发展势头较好。红安县的乡村旅游基本以农家乐及农业观光园为主；对传统村落等乡村旅游资源的发展利用程度不高。红安县的山水休闲类景区中，以天台山风景区（国家 AAAA 旅游景区）发展最为成熟。

6.2.4 旅游市场分析

红安旅游市场现状是以红安县、黄冈市的本地客源为主。红安散客仅占 48%，远低于全国红色旅游市场中 79% 的散客比例，红安与全国红色旅游市场相比市场化程度较低。

通过百度搜索大数据分析得出，武汉市是对红安关注度最高的潜在客源地，也是红安的主要目标市场，但目前市场对接严重不足，应大力拓展。武汉市旅游客源市场规模大、出游能力强，且以省内近程游频率最高；出游者以中青年、高学历群体为主，以放松求知为主要动机；游览内容偏好山水田园，重视特色、消费节俭。

6.2.5 区域竞合分析

（1）武汉都市圈景区资源竞合

武汉都市圈范围内 AAA 级以上的景区共有 87 个，景区类型以山岳景观、水域风光、红色文化和温泉度假为主。其中，山岳景观型景区共 22 处，约占总数的 25%；红色文化型景区共 11 处，约占总数的 13%；水域风光型景区和温泉度假型景区各 8 处，均约占总数的 9%。通过对上述景区旅游资源对比分析可知：

红安县红色文化类资源禀赋最佳，区域内的垄断性最强，应突出比较优势进行深度挖掘与大力开发。红安县山水风光类资源禀赋总体较好，但区域优势不突出，单一的风景观光难以赢得旅游者的青睐，需通过特色设施建设、发展休闲度假、提升区域竞争力。

此外，红安县宗教文化类资源独特，天台寺禅乐在区域甚至全国范围内具备唯一性，适于重点开发，进一步提高竞争力吸引更大范围市场。红安县历史文化类资源数量虽然少，但是品位较高，并且与区域历史文化资源存在差异性，具有较高的发展潜力，适于重点开发。红安县乡村旅游资源较好，且区位条件优越，具有较大的市场需求和开发潜力，应进行重点开发。

（2）武汉北部地区县域竞合

我们选取了黄陂、麻城、罗田、孝昌作为竞合分析对象，因其地理位置相近，竞争合作的可能性大，另外同是区县级城市，可比性强。通过对比分析可知：

红安与麻城直接竞争，红安需要做大做强红色旅游品牌，构建多样化核心产品体系。红安与罗田、黄陂互补合作，可以通过线路连接、联动营销实现战略合作。红安与新县、金寨区域竞争，红安需要重视红色品牌建设、升级产品及设施、多元融合发展构建区域优势（图6-8）。

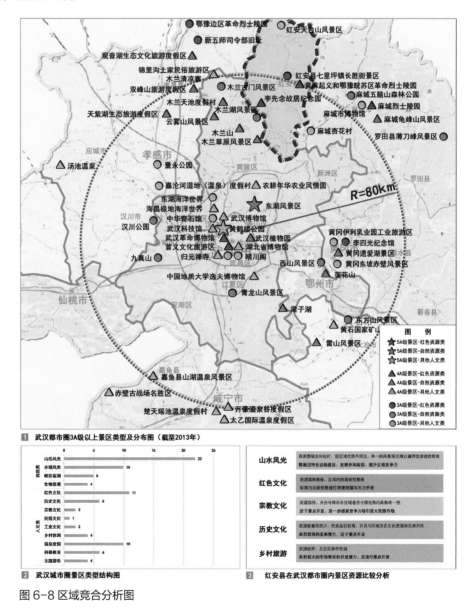

① 武汉都市圈3A级以上景区类型及分布图（截至2013年）

② 武汉城市圈景区类型结构图　③ 红安县在武汉都市圈内景区资源比较分析

图6-8 区域竞合分析图

6.2.6 特殊性卖点分析

通过上述对红安县的旅游资源评价、旅游市场分析与区域竞合分析，我们总结提炼出红安县的三大特殊性卖点："红色传奇、天台圣境、文化生态"（图6-9）。

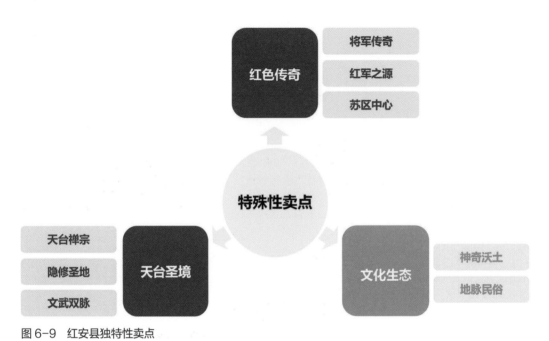

图6-9 红安县独特性卖点

（1）红色传奇

● 将军传奇：将军第一县

红安是全国知名的第一将军县。但一直以来红安的旅游卖点都是"将军故里"而非"将军传奇"。事实上将军的传奇故事远比将军故居本身的资源价值和游客吸引力要高得多。如果开发重点错位，在故居修复中，即使投入再多也无法吸引游客。因此应该将开发的重心由单纯的缅怀祭奠转变为感受将军传奇，围绕传奇故事、抓住将军特色，开发文化演艺、情景体验、主题景区等特色旅游产品，并与将军故居、纪念园等有机结合，将抽象的传奇事迹具象表达。

● 红军之源：红军诞生地

红安是"红军"这一称谓的诞生地。红安共走出三支红军部队，是我军众多现役部队的前身。由于军队非常重视自身历史，许多军队都会在新兵服役、老兵退伍、士官培训、纪念节日时到发源地追根思源。因此，红安应打造军史溯源寻根圣地、中国军魂纪念地。同时，围绕红军文化和军事文化进行深度挖掘，打造文化体验、军事培训、纪念节庆等旅游产品，吸引军兵士官群体和对红军、军事文化感兴趣的旅游者。

● 苏区中心：红色第一市

1930 年鄂豫皖革命根据地中心七里坪改名为"列宁市"，是红色政权下第一个以"市"命名的地区，是名副其实的鄂豫皖苏区政治、军事、经济、文化中心。七里坪镇集明清古镇与红色文化特色于一身，完整保留了苏维埃政府、银行、医院、法庭、食堂等遗址，真实地反映了当时红色政权下的生活状态，在全国范围内具有独特性。旅游开发时应再现红色年代的精神风貌，并将单一的陈列展示与情景体验、创意文化、古镇旅游、文化演艺等方式有机结合。

（2）天台圣境

● 天台禅宗：正源流长，禅乐第一寺

天台寺是佛教八大宗之天台宗正源道场，佛缘 1400 余年。南朝时期天台山就有佛教踪迹，隋朝时有寺庙。智者大师创立天台宗后复归出家地，将此山命名为天台山，修建佛寺，一时香火鼎盛。天台寺也是禅乐第一寺，在这里诞生了中国佛教史上独一无二的全僧人禅乐艺术团，禅乐艺术表演创新佛理艺术表演形式，特色突出，在国内已形成一定品牌，并进入国际视野。同时，宗教旅游具有较为稳定的市场需求，重游率高、生命周期长，能够形成较强的吸引力（图 6-10）。

图 6-10 天台圣境 —— 天台禅宗、隐修圣地、文武双脉

● 隐修圣地：禅修法华，问道老君

唐代著名诗僧贾岛曾到天台山寻找一位弃官归隐为僧的朋友，留下千古绝句《寻隐者不遇》："松下问童子，言师采药去，只在此山中，云深不知处"。明弘治《黄州府志》记载：世传老君曾炼丹于此，上有药臼石，故名老君山。由此可见，天台山自古以来就是一座佛道双修、山林归隐的圣境。这种源远的隐修文化与现代都市人回归自然、山居度假的需求非常契合，尤其在大武汉都市圈内，具有独特的吸引力与优势。

● 文武双脉：文登天台，武拜九焰

相传红安因文武两脉昌盛，因此孕育了众多领袖将相，而文武两脉都发源于北部的天台山脉。耿定向辞官后居天台山，与弟定理、定力设立天台书院，研究学问，讲学授徒，是为红安文脉的发源地。而九焰山则是红安武脉的起源地，其上至今保留有神奇的古兵寨，相传为薛刚反唐时所留，并有"布下三才八卦九宫阵，火攻九次焚烧九座山"的传说。作为神奇红安文武两脉的起源地，天台山脉具有独特的文化吸引力。

（3）文化生态

● 神奇沃土：人才辈出，将星璀璨

红安是一片神奇的土地，这里在历史上孕育了众多的领袖将相，文韬武略，如同浩瀚星河。一个红安县，诞生了一位共产党的创始人，走出了两任中华人民共和国主席，组建了三支红军主力部队，造就了两百多位能征善战的将军，十四万英雄儿女为中国革命献出了宝贵生命。这样神奇的文化生态，本身就是吸引众多游客前来瞻仰膜拜的特殊吸引物（图6-11）。

图6-11　文化生态——神奇沃土、地脉民俗（一）

　　　　　　　　　　　　　　　　　　　　　　　　红色文旅融合的规划探索与实践

图6-11 文化生态——神奇沃土、地脉民俗（二）

● 地脉民俗：荆楚浸润，人杰地灵

自古因地灵而出人杰，红安独特的地脉民俗造就了这片将星璀璨的神奇沃土，包括"耕读传家"的农耕文化，"湖广填川、宗族同源"的宗祠文化，"唯楚有才，楚亦在黄（安）"的书院文化，"北控中原，东引吴会"的军事文化等。丰富多彩的地域文化构成了极具特色的旅游吸引物。

6.3 问题研判与目标思路

6.3.1 核心问题

在旅游资源利用与旅游产品开发方面，红安的红色资源单体规模小、分布散、景观雷同、可游性不强。对旅游资源转化利用的方式较为单一，形成的红色旅游产品市场吸引力与影响力不足，对资源的总体开发利用情况仍亟待改善提升。

在旅游产业规模方面，虽然红安县的景区级别及游客量都相对较高，但游客的停留时间较短；加之旅游要素配套不足，现状红色旅游以公益性为主、缺乏有效的盈利模式，导致旅游综合效益不高。

在旅游市场定位与品牌形象塑造方面，目前红安与核心客源市场武汉的对接严重不足，市场化程度较低；红安缺乏鲜明的旅游形象及品牌景区，旅游认知度不高。

6.3.2 规划思路

根据上述对红安县旅游发展优势分析与核心问题研判，我们认为，本次规划应以红色文化为核心引领，以"全域旅游"为发展理念，目标将红安县打造为共建共享的全国著名红色旅游目的地、武汉都市圈的文化休闲中心。

（1）核心思路一：红色文化引领，从"将军故里"走向"将军传奇"

红安长久以来以"将军故里"作为旅游卖点，事实上红安作为全国知名的第一将军县，其将军的传奇故事远比将军故居本身的资源价值和游客吸引力要高得多。

因此，应紧扣"将军传奇、红军之源、苏区中心"三大红色文化独特性重点打造，提升红安红色旅游价值高度，将发展定位与旅游卖点从"将军故里"转变为"将军传奇"。放大文化与旅游互促共聚的"耦合效应"，推动文化生产与旅游消费的结合，打造红安旅游的特色品牌和形象。

（2）核心思路二：全域旅游发展，实现全景全时、全产业、全区域、全民化与全要素保障

"全域旅游"理念的核心是通过对资源的重新整合，打破单一景区旅游一枝独秀的接待格局，在各个空间板块上形成不同特色的旅游产品或业态集群。"全域旅游目的地"是指全域范围内一切资以利用的旅游吸引物都被开发形成吸引旅游者的吸引节点，并具有突出的旅游整体形象、完备的旅游设施服务、丰富多样的旅游功能业态、能吸引相当规模旅游者的综合性区域空间。

全域旅游的本质是泛旅游产业的差异开发和集聚落地。通过旅游业的催化，促进本地旅游资源和特色产业的市场化开发，促进地方农业和工业的现代化转型和升级，促进第三产业的迅速发展，最终形成泛旅游产业的集聚、规模和特色化建设。

针对红安县长久以来资源利用分散、旅游要素欠缺、综合效益较低等核心问题，本次规划以全域旅游为发展理念，通过"全景全时、全产业、全区域、全民化与全要素保障"的系统建设，助推红安县红色文化旅游融合发展（图6-12）。

● 策略一：开发全景全时的旅游产品体系与核心文旅项目

以"全域旅游"理念对红安的红色资源进行统筹整合，依托七里坪长胜街、高桥名人故里、天台山天台寺等具有垄断性和比较优势的旅游资源，开发集自然景观与人文景观一体、涵盖四季产品与昼夜产品、"全景全时"的旅游产品体系。

　　　　　　　　　　　　　　　　　红色文旅融合的规划探索与实践

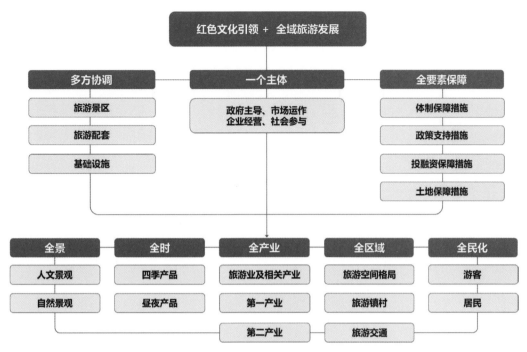

图6-12 红安规划实践"红色旅游+全域旅游"的总体思路

通过高品质、高创意核心文化项目带动，整体提升旅游产业的发展水平，增强红安旅游的综合竞争力。创新引领建设标志性旅游景区，成为红安县旅游的龙头和名片。并结合线路串联、聚点成核的规划手段，设计差异化主题游线，把红安打造成全域性的红色旅游目的地。

● 策略二：构建全产业融合发展的产业集群

规划以"全域旅游"为发展理念，在全域范围内优化配置经济社会发展资源；水利、交通、林业、农业等设施，除了满足自身原有功能外，还应满足审美游憩价值和休闲度假等功能，做到既宜居又宜游，处处是风景，处处可旅游。

此外，红安还应发挥"旅游＋"功能，利用红色文化优势做强红色产业。同时充分发挥旅游业的带动作用，推动旅游业与农业、特色食品产业、文化娱乐、体育运动、房地产等行业领域的产业联动和融合发展。整县推进，搭建多产业协作平台，促进旅游要素与功能区域的集聚建设。

● 策略三：布局全区域空间要素统筹的总体格局

基于"全域旅游"理念，对资源进行统筹与整合，划分空间结构时打破传统的行政乡镇区划，打造轴带片区一体化的发展结构，实现全县域整体发展的良好格局。

在此基础上，规划对县域内城镇乡村的区位条件、资源特色、设施配套等要素进行整合与统筹，挖掘文化内涵，突出景观特点，发挥生态优势，开发一批形式多样、特色鲜明的旅游镇村，将旅游城镇、旅游乡村建设统筹纳入全域旅游发展格局。

● **策略四：加强内外联通的区域旅游合作**

依托交通区位优势，探索旅游业的开放合作模式。积极融入武汉都市旅游圈和旅游目的地，在旅游产品和线路上积极发展跨县市、跨省域合作，在市场拓展、目的地宣传上采取搭车或捆绑营销方式，实现与周边地区市场共享、营销联合和信息互通。

● **策略五：构建全域大旅游综合协调的管理体制与保障机制**

构建全域大旅游综合协调管理体制，围绕综合产业发展与管理需求，创新区域治理体系，提升治理能力，实现区域综合化管理。通过综合改革，破除制约旅游发展的资源要素分属多头的管理瓶颈和体制障碍，更好地发挥政府的导向引领作用。

鼓励居民和游客等多方主体共同参与到红安县旅游业发展中。通过旅游发展成果为全民共享，增强居民的获得感和实际收益，来促进居民树立主人翁意识，提升整体旅游意识和文明素质，打造共建共享的全国著名红色旅游目的地。

6.3.3 目标愿景

规划提出红安县旅游发展的总体目标：

围绕独一无二的红色文化资源，建设全国一流的红色旅游目的地；依托天台圣境、山水美乡等特色旅游资源，建设武汉都市圈的文化休闲中心。

（1）愿景一：打造全国著名红色旅游目的地

全国旅游目的地是指拥有国家级的旅游资源，具有全国性的市场品牌和很强的旅游吸引力，拥有高质量的旅游设施、旅游服务水平和完善、高效的管理经营机制与模式，游客总量和外地游客比例达到一定规模的旅游目的地。

发挥红安县在全国范围内具有独特性、唯一性、垄断性的红色文化资源优势，通过对红色文化的深度挖掘和多层次多维度开发，打造文化演艺、情景体验、主题景区、特色古镇等旅游吸引物，配套完善的旅游基础设施和公共服务体系，建设全国一流的红色旅游目的地（表6-1）。

| 旅游目的地建设主要内容 | 表 6-1 |

主要要素	具体内容
旅游吸引物	具有能够吸引游客作为主要出游目的地的吸引要素,包括景观、文化、设施等。打造核心吸引力,拓展和延伸旅游资源空间是旅游目的地吸引物体系建设的主要内容
旅游形象与品牌	包括独特的旅游形象、世界级品牌及高效的营销渠道、营销网络、营销模式、营销机制、营销策划等
旅游交通	包括外部交通和内部交通等
旅游设施与环境	包括住宿、餐饮、购物、公共服务等设施,以及生态环境、社会环境等。其中,生态环境是旅游环境的核心,对游客有着最直接的吸引力
旅游经营与管理	旅游目的需要有运转高效、组织完善的旅游管理系统

(2)愿景二:成为武汉都市圈的文化休闲中心

借助武汉 1h(未来可缩短为 0.5h)交通圈带来的巨大的旅游辐射功能,整合红色文化资源、历史文化资源和自然资源,发展特色文化体验、山水休闲度假、乡村旅游,融入武汉都市圈跨区域旅游线路,将红安县打造成大武汉旅游目的地的重要组成部分,成为武汉都市圈的文化休闲中心。

6.3.4 市场定位

(1)客源市场定位

国内目标客源市场方面,红安县以武汉都市圈为核心市场;以鄂豫皖和长三角城市群为基本市场;以京津冀城市群、成渝城市群、珠三角城市群为机会市场。

入境目标客源市场方面,红安县的核心市场包括:长居武汉的外籍人士、武汉都市圈入境游客分流;机会市场为港澳台地区。

红色旅游专项客源市场方面,红安县目标定位为全国红色旅游消费人群。

(2)旅游形象定位

规划提出红安县的总体形象定位:

中国第一将军县·荆楚醉美山水乡

专项市场形象定位方面,以"**将星璀璨·红色传奇**"作为红色旅游市场形象;以"天台圣境·山水美乡"作为休闲旅游市场形象(图 6-13)。

总体形象定位：**中国第一将军县·荆楚醉美山水乡**

红色旅游形象：**将星璀璨·红色传奇**

休闲旅游市场形象：**天台圣境·山水美乡**

图 6-13　红安县旅游形象定位

6.4　策略一：全景全时旅游产品体系与核心文旅项目

6.4.1　旅游产品体系

　　围绕红安"红色传奇、天台圣境、文化生态"三大独特性卖点，构建"全景全时"的旅游产品体系。开发由红色旅游、特色文化体验、山水休闲度假、乡村旅游构成的四大主导产品；辅助旅游产品包括户外健康运动、研学科普旅游、旅居康养、自驾旅游；两大配套旅游产品包括重大节事节庆活动，特色旅游商品（图 6-14、图 6-15）。

　　　　　　　　　　　　　　　　　　　　　　　　红色文旅融合的规划探索与实践

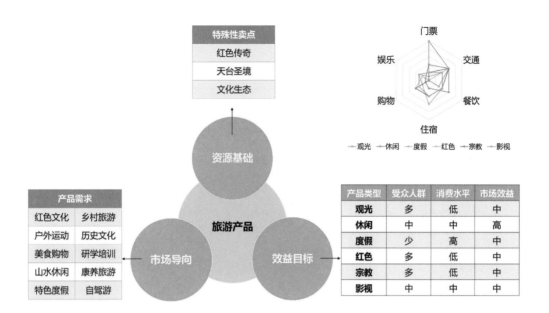

图 6-14 红安县旅游产品体系开发思路

图 6-15 红安县旅游产品体系

（1）主导旅游产品

●"将星璀璨·传奇红安"红色旅游产品

依托数量多、级别高、类型丰富的红色旅游资源，将红色培训市场与休闲旅游市场并重发展，重视红色旅游产品的文化休闲功能和参与体验性，重点开发红色文化观光体验、军事文化体验、红色影视体验、红色主题演艺和红色教育培训等产品（图 6-16）。

产品类型	产品品牌	开发方向
红色旅游产品	将星璀璨·传奇红安	红色文化观光体验 军事文化体验 红色影视体验 红色主题演艺 红色教育培训
特色文化体验产品	古韵悠长·文化红安	宗教文化旅游 历史文化旅游 地域文化体验
山水休闲度假产品	山水神秀·悠然红安	山地观光度假 滨水休闲度假 森林养生度假
乡村旅游产品	画境美村·乡土红安	观光休闲农业 特色村落体验 乡村休闲度假

图6-16 主导旅游产品开发

● "古韵悠长·文化红安" 特色文化体验产品

依托丰富的宗教、历史名人、文化遗产等特色文化资源，进一步挖掘其历史文化价值，丰富产品的表现形式，增强参与性和趣味性，并提升其教育功能，重点开发宗教文化旅游、历史文化旅游和地域文化体验等产品。

● "山水神秀·悠然红安" 山水休闲度假产品

依托优美的山岳、水库、森林等自然资源，针对缺少亲近自然机会的城市人群，通过高品质休闲度假设施的建设，开发不同层次的观光、休闲和度假产品，包括山地观光度假、滨水休闲度假、森林生态度假等。

● "画境美村·乡土红安" 乡村旅游产品

针对武汉都市圈市场对乡村旅游的需求，基于"全域旅游"理念，对红安县现代农业、特色村落、田园景观等资源进行统筹整合，推进全县域范围内乡村旅游产品的升级，改变单一的农家乐模式，构建休闲农业、乡村文化体验、乡村休闲度假等多元化、层次丰富的乡村旅游产品体系。

（2）辅助旅游产品

● "实践课堂·智慧红安" 研学科普旅游产品

依托红安的红色、乡村、自然等资源，针对武汉都市圈庞大的学生群体、企事业单位等对教育实践、军训拓展的需求，重点开发地质生态科普、教育实践基地、军训拓展营地和主题夏令营等产品（图6-17）。

产品类型	产品品牌	开发方向
研学科普旅游产品	实践课堂·智慧红安	地质生态科普 教学实践基地 军训拓展营地 主题夏令营
户外健康运动产品	山水绿径·活力红安	户外健身运动 水上游乐 时尚休闲运动
旅居康养产品	生态田园·颐享红安	生态宜居产品 乡村农家养老 城郊设施养老
自驾旅游产品	百里画廊·逍遥红安	自驾车营地 主题自驾线路 自驾车俱乐部

图 6-17　辅助旅游产品开发

●"山水绿境·活力红安"户外健康运动产品

依托红安多样的地形地貌和优越的生态环境，针对武汉都市圈对户外运动、康体健身的需求，兼顾大众型健身运动和高端时尚休闲运动，重点开发户外健身运动、水上游乐和时尚休闲运动等产品。

●"生态田园·颐享红安"旅居康养产品

依托红安县邻近武汉的区位交通优势和自然田园环境，针对都市的亚健康人群以及退休老人，重点开发生态宜居型、乡村农家养老型和城郊设施养老型产品。

●"百里画廊·逍遥红安"自驾旅游产品

依托红安良好的道路交通条件，针对武汉大规模的自驾游需求，重点开发自驾车营地、主题自驾线路和自驾车俱乐部等产品。

（3）配套旅游产品

●"多彩盛会·品牌红安"节事节庆活动

定期举办不同规模类型的节事节庆活动，包括旅游节庆、民俗节庆、赛事活动和纪念活动等，不断在区域内形成舆论热点和品牌影响力，提高短时间内的客流量和知名度（图 6-18）。

产品类型	产品品牌	开发方向
重大节事节庆活动	多彩盛会·品牌红安	旅游节庆 民俗节庆 赛事活动 纪念活动
特色旅游商品	珍品良馐·回忆红安	红色系列旅游纪念品 土特产品 特色菜肴

图 6-18　配套旅游产品开发

● "珍品良馐·回忆红安" 特色旅游商品

依托红安丰富的物产资源和非物质文化资源，开发特色旅游商品。主要包括将军、苏区、红军等系列的旅游纪念品，品牌化包装的特色食品、工艺品等土特产品，以及红安本土特色菜肴等。

6.4.2　旅游项目策划

结合上述旅游产品体系，重点围绕红色旅游、特色文化体验、山水休闲度假、乡村旅游四大主导产品，策划布局 9 大引擎项目、40 个特色项目，作为红安红色文旅融合发展的重要抓手（图 6-19）。

红色传奇类引擎项目包括："鄂豫皖 1930"七里坪苏区红军小镇、"铁血将军"高桥亮剑军事主题公园、"光影传奇"似马山 – 嶂山红色文化创意综合体；

天台圣境类引擎项目包括："天台禅韵"天台寺佛禅文化旅游区、"云深山隐"天台山隐修养生度假区；

文化生态类引擎项目包括："画里乡村"吴氏祠荆楚文化体验区、"田园慢游"永佳河田园慢城休闲区、"翠峰品茗"火连畈茶农文化度假区、"金沙碧波"金沙湖湿地生态旅游区。

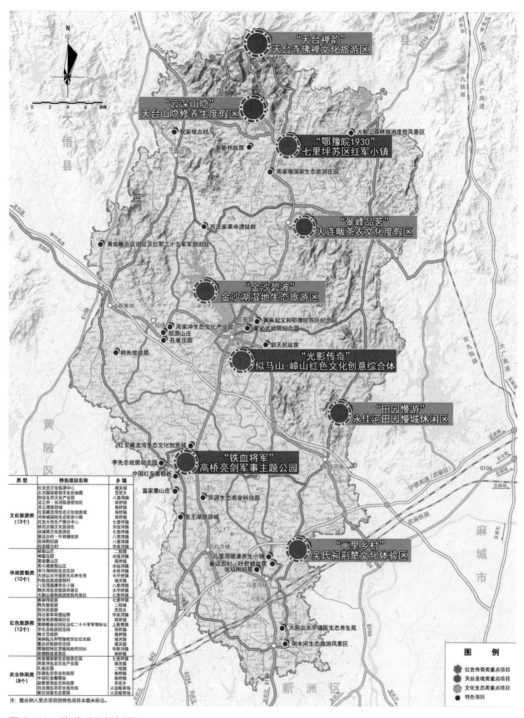

图 6-19 旅游项目规划图

①"鄂豫皖 1930"七里坪苏区红军小镇

项目位于七里坪镇区，包括长胜街、解放街、列宁小学、红军广场及倒水河沿岸。项目定位为红色中华第一市、中国军魂溯源地、全国知名的红色主题街区、情景体验景区和特色景观旅游名镇。规划重现古镇的空间肌理与风貌特色，情景还原 20 世纪 30 年代鄂豫皖苏区的社会场景；打造红四方面军诞生圣地，纪念、溯源、展示我军不胜不休的红色军魂；配套具有苏区文化、红军文化特色的主题餐饮、住宿、购物等旅游服务设施；组织一系列文艺展演、纪念活动等红色文化体验活动。重点建设"列宁市"主题街区（包括长胜街苏区情景体验街、解放街红色文化创意街、列宁小学红色艺术演艺场）和"红色之源"红军诞生纪念地（包括红军诞生地纪念园、中国红色雕塑公园）等（图 6-20）。

图 6-20 "鄂豫皖 1930"七里坪苏区红军小镇

②"铁血将军"高桥亮剑军事主题公园

项目位于高桥镇周边将军故居密集区域，定位为华中地区最大的军事文化体验基地。以"感受将军文化，体验军旅传奇"为主题，通过武器陈列展示、战争场景模拟、战争角色扮演、战争主题游乐、虚拟现实体验等游览内容，以一流创意打造高品质的军事主题公园。重点建设"亮剑军魂"综合展示区（包括大型武器博览园、军事电子竞技中心、军迷大本营）、"百战经典"战争游乐体验区（包括军事游乐园、战争影视基地、列宁号飞行营地）、"将军传奇"军旅文化游览区（包括将军博物馆聚落、国防教育基地）和"铁血奇兵"装甲越野线等（图 6-21）。

军事装备博览　　　＋　　　军旅主题游乐

＋　　战争影视拍摄　　　＋　　将军文化体验　　　＋　　国防教育培训

图 6-21 "铁血将军"高桥亮剑军事主题公园

③ "光影传奇" 似马山 – 嶂山红色文化创意综合体

项目位于县城南部似马山 – 嶂山区域，定位为全国文化创意产业示范基地。扩展现有红色影视基地，提升拍摄与体验功能；依托"似马重峦"山水资源打造红色山水实景剧场；通过旅游线路将实景剧场、湿地公园、红色影视城和红安县文化综合体串联，形成集实景演艺、影视拍摄、文化展演、休闲观光等功能于一体的大型红色文化创意产业区。重点建设"铁血红安"红色山水实景演艺和"红色梦工厂"红色影视创作拍摄基地等（图 6–22）。

图 6-22 "无影传奇" 似马山 —— 嶂山红色文化创意综合体

④ "天台禅韵" 天台寺佛禅文化旅游区

项目位于天台寺及周边区域，定位为国际佛教音乐艺术圣地、武汉都市圈最具特色的"禅"文化旅游区。重点打造"天台禅乐"品牌，形成"北有少林禅武，南有天台禅乐"的格局；全方位开发佛禅文化旅游产品，配套特色接待设施，将禅文化与旅游配套服务功能紧密结合，发展集观光、休闲、度假于一体的综合型文化景区。重点建设"参禅"佛理体验区、"听禅"禅乐参赏区、"品禅"禅茶品鉴区、"观禅"禅林游览区和"悟禅"禅修养生区等（图 6–23）。

⑤ "云深山隐" 天台山隐修养生度假区

项目位于天台山地区，定位为武汉都市圈著名的山居文化养生地。提升现有山岳观光的品质，打造"文登天台、武拜九焰、禅修法华、问道老君"的特色观光主题；引入休闲度假功能，通过建设高品质的山地度假设施，突出"隐修"与"山养"的特色文化养生主题。重点打造"山隐"山居养生区、"禅隐"文化养心区、"林隐"运动养身区、"谷隐"幽谷养情区、"水隐"亲水养性区和"乡隐"乡土养德区等。

"天台禅韵"天台寺佛禅文化旅游区

"云深山隐"天台山隐修养生度假区

"画里乡村"吴氏祠荆楚文化体验区

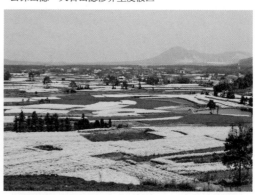

"云深山隐"天台山隐修养生度假区

"翠峰品茗"火连畈茶农文化度假区

"金沙碧波"金沙湖湿地生态旅游区

图6-23 天台圣境类、文化生态类引擎项目

⑥"画里乡村"吴氏祠荆楚文化体验区

项目位于陡山村、程家下屋及周边传统村落区域,定位为荆楚乡村生态博物馆、"荆楚民居精粹·鄂东第一祠堂"。以吴氏祠堂和荆楚传统民居为核心特色,综合开发乡村休闲观光、精品乡村度假、乡村创意文化、乡村民俗文化体验等旅游产品。重点建设荆楚古建艺术展、荆楚传统村落体验、荆楚乡土文化体验、原乡度假酒店和乡村创意文化基地等。

⑦"田园慢游"永佳河田园慢城休闲区

项目位于永佳河镇，定位为华中地区首个"国际慢城"、武汉都市圈"美丽乡村"示范区。规划以"慢生活"网络连接城镇、村落和山水田园，营造清新优美、悠然闲适、亲切宜人的生活氛围，同时带动休闲农业和美丽乡村的建设。重点建设由永佳河镇、杏花乡、桃花塔组成的"一心两门户"，以及由农业休闲区、传统村落区、山水休闲区、历史文化区和慢城慢行环组成的"一环四片区"等。

⑧"翠峰品茗"火连畈茶农文化度假区

项目位于火连畈茶场及周边火连畈水库、游仙山片区，定位为武汉都市圈特色茶田风光休闲度假区。规划以茶文化为核心要素，依托丰富的茶田山水资源，发展山养运动、休闲健身项目，建设具有茶文化特色的接待设施，配套完善的旅游服务设施。重点建设茶文化体验区、茶田养生度假区和茶田山水运动区等。

⑨"金沙碧波"金沙湖湿地生态旅游区

项目以金沙湖国家湿地公园为主体，同时拓展周边区域。项目定位为红安生态绿心、特色郊野湿地公园。以金沙湖为核心，沿湖策划游览线路，以运动健身步道串联周边各类旅游资源。重点建设湿地景观游览区、南岸城市休闲区、萤石矿公园游览区、红色村落游览区、乡野滨湖休闲区、环湖运动健身步道等。

6.5 策略二：构建全业融合发展的产业集群

"全域旅游"理念的本质是泛旅游产业的差异开发和集聚落地，而"泛旅游"理念则强调更大范围的产业渗透，优化配套产业结构，形成系统效应。因此，以旅游为主导，加快旅游业与三次产业的融合，促进与旅游活动相关的上下游产业和横向相关产业组成的产业体系与产业群体的聚集与集成。

6.5.1 旅游业与农业的融合发展

充分发挥红安县农业资源、乡村资源丰富的优势，推进农业与旅游业的广泛融合。支持乡村地区开发富有特色和吸引力的农业旅游项目，大力发展观光农业、生态农业、品牌农业。

一方面，通过建设现代农业观光示范园区、高科技农业产业示范园，将农业生产与旅游休闲有机结合，充分体现农业的观光价值；其次，大力发展生态有机农业，面向武汉市场推出生态、绿色、无公害等农产品，树立红安县在武汉都市圈内生态有机食品基地的品牌；第三，应重点培育和发展特色农产品，包括对现有的花生、红苕、老君眉茶等地理标志农产品进行品牌提升和市场推广，同时挖掘和打造更新更多的特色农产品品牌，使其成为旅游的吸引物和特色旅游商品。通过将农业与旅游业融合发展，有效地提升旅游的吸引力和农业的附加值。

6.5.2　旅游业与文化产业的融合发展

文化是旅游的载体和灵魂，因此应当将红安县丰富的文化资源转化为旅游产品，形成红色文化、宗教文化、宗祠文化、历史名人文化、民俗文化等丰富的文化旅游产品体系。

首先在旅游产品的开发中，应充分挖掘文化资源，尤其是非物质文化遗产资源，将红安绣活、荡腔锣鼓、皮影戏等民间文化艺术纳入游览内容之中，在旅游活动各个环节予以表现。其次将文化活动、文化设施与旅游有效结合，将各类文化演艺活动以及文化馆、博物馆、纪念园等场所打造成为特色旅游吸引物，使游客可以充分感受到红安浓郁而深厚的文化底蕴。同时充分利用红安极具优势的红色影视文化产业，将其与旅游业充分融合、相互促进，通过建设高品质的红色影视创作拍摄基地、扶持文化创意型企业在红安落户发展、打造一系列具有影响力的文化作品、举办各类影视文化节事节庆活动等措施，促进红安县文化创意产业和文化旅游产业的蓬勃发展。

6.5.3　旅游业与特色手工业的融合发展

将旅游业作为红安特色手工业传承与发展的助推器。一方面通过旅游业将红安大布、绣花鞋垫等传统地方手工艺品作为旅游商品推向市场，拓展销售渠道、提升品牌知名度，提升民间手工艺者的收入，促进传统技艺的传承与发展。另一方面鼓励并支持具有地方特色和创意设计的手工艺品的开发制作，并将其作为特色旅游纪念品进行销售，包括萤石工艺品、红色文化、将军文化创意纪念品等。将旅游业、文化创意产业、特色手工业有机融合发展。

6.5.4　旅游业与特色加工制造业的融合发展

旅游业与特色加工制造业的融合主要有两个方面。一方面是将具有特色生产过程及工艺的加工制造业与旅游相结合，例如茶叶加工制造、葡萄酒生产制作等，推动特色工业旅游的发展。另一方面应响应国家号召，利用红安县的区位与旅游优势，大力发展旅游装备制造业，结合国家登山健身步道和国际慢城的建设，努力培育或引入一批休闲、登山、露营、探险等各类户外用品企业，实现专业专类制造企业在红安的聚集。

6.6 策略三：布局全域空间要素统筹的总体格局

6.6.1 全域旅游空间格局构建

综合考虑红安县域的自然景观环境、旅游资源分布、未来交通网络和区域空间联系等综合因素的基础上，构建"一轴两带·一环五区"的县域旅游发展格局。其中，"一轴两带"是红安县旅游空间结构的基础骨架，"一环五区"是县域特色旅游功能的空间载体（图6-24）。

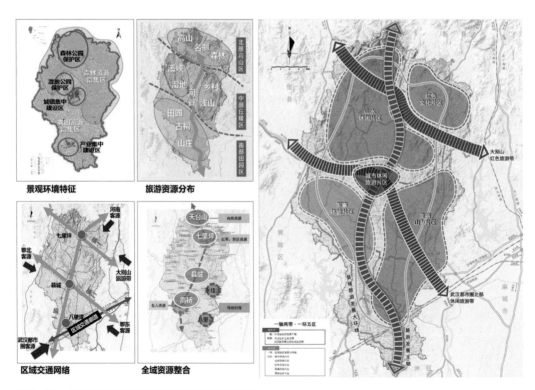

图6-24 红安县总体旅游空间构思及布局规划图

　　　　　　　　　　　　　　　　　　　　红色文旅融合的规划探索与实践

"一轴"即红安县旅游发展主轴;"两带"包括大别山红色旅游带、武汉都市圈北部休闲旅游带;"一环"为县域旅游发展大环线;"五区"包括:城市休闲片区、山水休闲片区、红色文化片区、军事体验片区、美丽山乡片区。

● 城市休闲片区

该片区主要包括城关镇镇区和杏花乡西部区域。功能定位为特色突出、景观优美、功能完善的旅游城镇,全县旅游综合服务与集散中心。重点整合提升县城文化旅游资源,形成旅游吸引物体系;建设城镇特色景观风貌,营造城镇特色文化景观;完善旅游配套设施与服务功能。

● 山水休闲片区

该片区主要包括天台山、华家河镇、火连畈茶场,以及二程镇、上新集镇、城关镇、杏花乡的北部区域。功能定位为以山水文化、宗教文化为主要特征,以山水休闲、文化体验、特色度假为主体功能的片区。重点整合天台山发展山地休闲功能;围绕金沙湖发展水岸休闲功能;依托火连畈发展茶田休闲功能;结合祝家楼与二程文化发展传统文化休闲功能。

● 红色文化片区

该片区主要包括七里坪镇—檀树岗区域。功能定位为以苏区文化、红军文化为主要特征,以红色文化观光体验、红色培训为主体功能的片区。重点以七里坪镇为核心,打造红色旅游经典景区和特色景观旅游名镇;东西两线路串联分散资源,形成红色旅游游览环线。

● 军事体验片区

该片区主要包括高桥镇,以及上新集镇和二程镇的南部区域。功能定位为以将军文化、军事文化为主要特征,以军事体验、军训拓展、文化休闲为主体功能的片区。重点构建高桥特色旅游吸引物体系,形成与黄陂木兰湖景区的错位互补合作;以主题线路串联众多将军故里,联动零散资源合力发展。

● 美丽山乡片区

该片区主要包括永佳河镇、八里湾镇、太平桥镇,以及杏花乡南部区域。功能定位为以荆楚文化、乡土文化为主要特征,以精品乡村旅游、传统文化体验、户外健康运动为主体功能的片区。重点在北部以永佳河–杏花为主体,构建田园观光环线;中部以陡山吴氏祠为核心构建传统村落集群;南部在八里湾–太平桥区域发展旅居康养等旅游产品。

6.6.2 特色旅游城镇乡村建设

按照"全域旅游"的理念，我们对县域内城镇乡村的区位条件、资源特色、设施配套等要素进行整合与统筹，挖掘文化内涵，突出景观特点，发挥生态优势，开发一批形式多样、特色鲜明的旅游镇村，将旅游城镇与旅游乡村建设统筹纳入红安县全域旅游发展格局。

（1）发展特色旅游城镇，推动新型城镇化与旅游产业发展有机结合

建设一批集观光、休闲、度假、养生、购物等功能于一体的特色旅游城镇。在县城及各乡镇的建设中应充分注重与体现旅游功能，通过镇区环境的综合整治、地方民俗文化元素的提取与建筑风貌的景观化改造、植被及景观环境的营造，形成旅游城镇的物质载体；通过产业功能的旅游特色强化、居民文化生活的丰富与素质的提升，构筑旅游城镇的实质内涵。

规划重点建设县城、七里坪、高桥、八里湾、永佳河五个旅游城镇，按照《全国特色景观旅游名镇名村》的认定标准与规划要求发展建设，并进行相应申报。其他乡镇场在建设中也应注重旅游景观的塑造与旅游功能的提升，在有条件的情况下积极申报相应的试点与品牌。

（2）发展特色旅游乡村，将乡村旅游与美丽乡村建设有机结合

合理利用村落资源，发展有历史记忆、地域文化特色、景观特色的旅游乡村，建设一批特色景观旅游名村。

依托当地区位条件、资源特色和市场需求，挖掘文化内涵，发挥生态优势，突出乡村特点，开发一批形式多样、特色鲜明的乡村旅游产品。加强规划引导，提高组织化程度，规范乡村旅游开发建设，保持传统乡村风貌。加强乡村旅游精准扶贫，扎实推进乡村旅游富民工程，带动贫困地区脱贫致富。统筹利用惠农资金加强卫生、环保、道路等基础设施建设，完善乡村旅游服务体系。加强乡村旅游从业人员培训，鼓励旅游专业毕业生、专业志愿者、艺术和科技工作者驻村帮扶，为乡村旅游发展提供智力支持。

规划选择交通可进入性较好、自然环境景观较佳、建筑风格较富于地方特色或拥有历史文化资源的村落，作为首批重点打造的旅游乡村示范建设。近期将以祝家楼村、涂

红色文旅融合的规划探索与实践

垸村、对天河村、周八家垸、狮子村、欧桥村、熊河村、程家下屋、陡山村、长丰村等10个村落为重点抓手，大力提升乡村旅游景观、旅游接待能力、公共设施和综合管理等四个方面，并尽快申报国家级特色景观旅游名村。对其他旅游资源条件较好的村庄，应尽快做好评估和保护工作，在条件允许的情况下积极进行建设及申报。进而以点串线、以线带面，成为红安县荆楚醉美山水乡的重要支撑。

6.6.3 旅游交通与旅游步道系统完善

（1）构建旅游交通网络体系，串联旅游资源要素，带动全域联动发展

规划布局"一纵两横·一环三连"的旅游交通结构（图6-25、图6-26）。

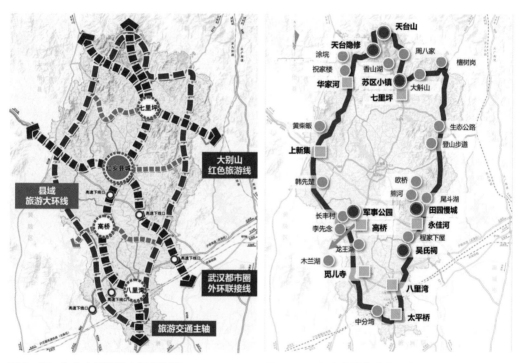

图6-25 红安全域旅游交通规划图　　图6-26 红安全域旅游大环线及周边引擎项目与重点乡镇

"一纵"即红安县南北向旅游交通主轴线。由南至北连接依次太平桥镇、八里湾镇、觅儿寺镇、高桥镇、红安县城、火连畈茶场、七里坪镇、天台山景区。"两横"为县域东西向的两条旅游交通主干道，包括大别山红色旅游公路西段组成部分、大武汉都市圈外环的组成部分。

"一环"为县域旅游大环线。建设贯通县域的旅游环线，带动重点项目与重点乡镇发展，实现旅游资源的整合与富集。一环由东、西、南、北四段构成，沟通六大重点项目，连通八个旅游乡镇，带动沿线乡镇旅游开发，构建旅游项目集群，实现全域旅游资源的整合与富集。"三连"为沟通县域一纵两横交通骨架和旅游大环线的联络线，包括北、中、南三条线路。

（2）打造都市圈首条国家登山健身步道、武汉都市圈地区最长的山地自行车旅游环线

整合规划区内的旅游景区、度假区、特色村镇、景观道路，建设旅游步道系统，配备相应的指示系统、应急救援系统，打造成为全国知名的以低碳、生态、环保为品牌的慢运动天堂。旅游步道系统包括登山健身步道和自行车道两种类型（图6-27）。

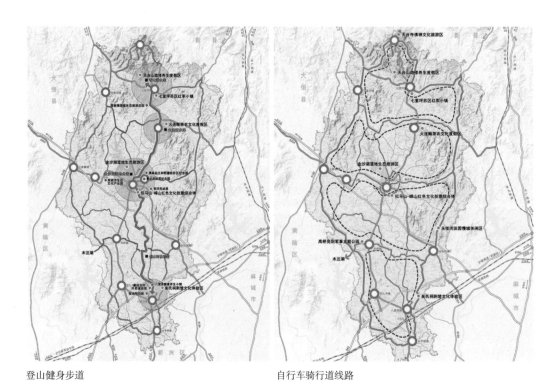

登山健身步道　　　　　　　　　　自行车骑行道线路

图6-27　红安全域旅游步道系统规划图

● 登山健身步道

按照国家标准建设登山健身步道系统，目标打造武汉都市圈首条国家登山健身步道。配套建设完善的标识系统、环保设施、安全警示系统和户外安全救援体系，并提供登山

健身步道指导手册。构建五条登山健身步道，引导形成"一带四环"的步道体系。包括倒水河滨河步道带、天台登山环线、湿地生态环线、乡村休闲环线和将军传奇环线。

● 自行车骑行道

结合县域旅游环线和三条东西向连接线，平行设置全能公路赛道，引导形成"一环三连"的自行车路网，同时满足旅游者骑行休闲和专业赛事需求，目标打造大武汉都市圈地区最长的山地自行车旅游环线。

6.7 策略四：加强内外联通的区域旅游合作

全面对接《黄冈市"十二五"发展规划》《湖北省旅游业发展"十二五"规划》和《大别山片区区域发展与扶贫攻坚规划（2011—2020年）》中的区域旅游合作要求，积极推进红安与大别山、鄂豫皖地区的旅游合作，以及红安与武汉国际旅游目的地的合作（图6-28）。

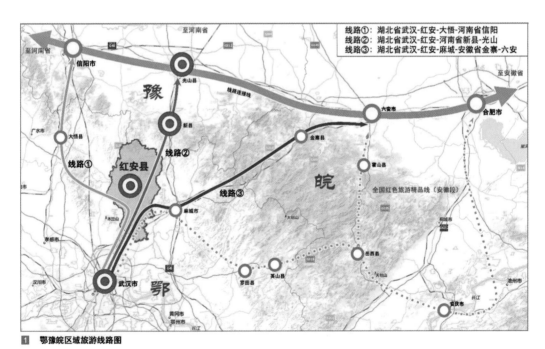

1 鄂豫皖区域旅游线路图

图6-28 红安区域旅游发展规划图（一）

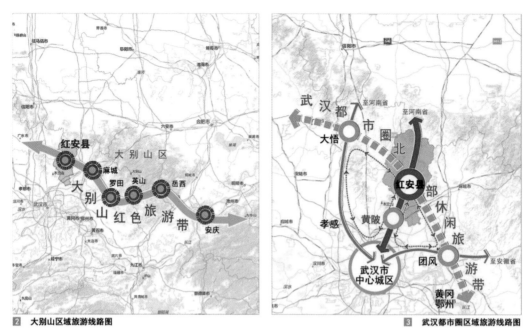

图 6-28　红安区域旅游发展规划图（二）

6.7.1　鄂豫皖地区的旅游合作

根据《湖北省旅游业发展"十二五"规划》，湖北省加强与安徽、河南的旅游合作，带动鄂豫皖三省全方位的旅游交流与合作。规划打造红安—大悟—信阳、红安—新县—光山、红安—麻城—金寨—六安共三条区域旅游线路，线路化整合湖北、河南、安徽等地的全国红色旅游景点，加强鄂豫皖地区的旅游交流与联合营销，在资源互享、产品互推、客源互动上取得新突破。

6.7.2　大别山地区的旅游合作

红安作为黄冈市内大别山红色旅游带的西部起点，在大别山区域形成串联红安—麻城—罗田—英山—岳西—安庆一带的大别山红色旅游线路。同时旅游宣传营销中注重与麻城共推黄麻起义品牌，与罗田、英山进行红绿互补合作。

6.7.3　武汉都市圈的旅游合作

随着武汉高速公路与城际铁路网络的完善，武汉都市圈旅游目的地的建设将进一步加快。红安应以在区域内独树一帜的红色文化资源、禅乐文化资源、乡村旅游资源为重点，积极融入武汉国际旅游目的地和武汉都市圈的区域旅游格局中。这其中应特别注重与邻近的武汉黄陂区进行互补合作，将红安的人文旅游资源与黄陂的山水旅游资源有效结合，联合营销、互送客源，并共推经典区域旅游线路。

红安与武汉都市圈区域旅游线路主要包括三条，分别是：武汉城区—孝感—大悟、武汉—黄陂—红安、武汉—新洲—团风。同时形成东西两个以"黄陂—红安"为轴线的大武汉北部都市圈旅游小环线，联动发展"武汉—黄陂—红安"这一重点区域旅游线路。

除外，还应采取发放旅游手册、设置旅游集散中心、开通旅游直通车、推出旅游年卡、签约武汉地接社等措施积极融入武汉国际旅游目的地，争取成为该目的地系统的重要组成部分。

6.8 策略五：构建全域大旅游综合协调的管理体制与保障机制

构建全域大旅游综合协调管理体制，围绕综合产业发展与管理需求，创新区域治理体系，提升治理能力，实现区域综合化管理。规划主要从体制保障、政策支持、投融资保障、土地保障等四个方面提出措施建议。

6.8.1 体制保障措施

坚持"政府主导、市场运作、企业经营、社会参与"的经营模式。

一方面，强化县政府对县域旅游产业发展的宏观调控引导。政府按照科学发展观进行主导，企业经营各种旅游项目，景区根据实际情况进行市场运作，同时社会共同参与，营造和谐的旅游发展环境。

此外，鼓励居民和游客等多方主体共同参与到红安县旅游业发展中，通过旅游发展成果为全民共享，增强居民的获得感和实际收益，来促进居民树立主人翁意识，提升整体旅游意识和文明素质，打造共建共享的全国著名红色旅游目的地。

6.8.2 政策支持措施

在进行旅游人才培训、旅游公共服务体系建设方面寻求财政部、文化和旅游部负责的国家旅游发展基金支持；简化旅游项目审批程序；对"农家乐"经营户减免营业税，休闲农业场所销售自产的初级农产品及初级加工品享受免税政策，休闲农业用电享受农业用电收费政策。对文化内容创意生产、非物质文化遗产项目经营实行税收优惠。

6.8.3　投融资保障措施

● **改善投融资硬件环境**

合理布局县域旅游产业发展，完善包括交通、供水供电、邮电、商业服务、园林绿化、环境保护等基础设施建设，进一步加强硬环境的建设，以更好地满足投资者需求。

● **成立红安县投融资决策委员会**

由投融资决策委员会来进行投资项目可行性研究、融资方案及投融资计划；及时跟踪了解和监督投融资项目进展情况；确定融资平台发展方向、目标和定位，并跟踪研究国内先进地区投融资管理经验和融资方法，为政府投资项目的资金筹措和使用提供决策依据。

● **拓宽多元投融资渠道**

鼓励引导民间投资发展；大力拓宽对外融资渠道，把利用外资的着重点放在外商直接投资上，避免其他形式对外借款过多给财政还款带来压力；积极探索 BOT（建设—经营—转让）、TOT（转让—经营—转让）等利用外资的新方式。

● **建立健全投融资信用体系**

加强诚信教育和宣传，构建社会诚信体系；加强对投融资信用环境建设的领导和协调，有计划、有重点地组织各级党政和企业领导干部开展投融资知识、政策等方面的学习、培训、调研等工作，优化投融资环境。

6.8.4　土地保障措施

对县域内旅游项目的土地使用指标申请相关的政策支持，留存一部分土地作为旅游业发展用地；在招商引资时，尽量引进占地少，单位投资额高，附加值高的项目，努力提升土地利用率，实现从粗放型向集约型转变，同时，引导城镇和企业通过合理规划集约用地；制定相应的政策措施，对违反出让合同约定、逾期不开发建设、甚至长期闲置的土地，要通过收取闲置费、协议收回、无偿收回、公开出让等方式予以处置，从而盘活闲置土地；引导企业确立立体的用地观，在保持统一规划的前提下，节约用地空间；建立审查报批机制，加强建设用地全程管理，严把用地审批关，要求新增建设用地的项目必须建立现有闲置土地已充分消化的基础上。

参考文献

［1］中共中央办公厅、国务院办公厅．2004—2010 年全国红色旅游发展规划纲要［Z］．2004．

［2］中共中央办公厅、国务院办公厅．2011—2015 年全国红色旅游发展规划纲要［Z］．2011．

［3］中共中央办公厅、国务院办公厅．2016—2020 年全国红色旅游发展规划纲要［Z］．2016．

［4］黄细嘉，许庆勇等．红色旅游产业发展若干重要问题研究［M］北京：人民出版社，2018．

［5］韩元．大众旅游时代的红色旅游发展论［M］．天津：南开大学出版社，2017．

［6］刘红梅．红色旅游与红色文化传承研究［D］．湘潭：湘潭大学，2012．

［7］张彬彬．中国红色旅游发展与布局研究［D］．上海：华东师范大学，2005．

［8］蒋励佳．习近平关于红色旅游的重要论述与实践指引［J］．黑龙江社会科学，2020，4．

［9］徐仁立．中国红色旅游研究［M］．北京：中国金融出版社，2010．

［10］龙岩市人大．龙岩市红色文化遗存保护条例［Z］．2018.3.1．

［11］苏航．红色文化遗存的活化保护与创新利用模式［J］．《规划师》论丛，2020．

［12］周金堂．把红色资源红色传统红色基因利用好发扬好传承好［J］．党建研究．2017，（05）．

［13］张成渝．国内外世界遗产原真性与完整性研究综述［J］．东南文化．2010，（04）．

［14］傅柒生．传承红色文化，保护革命文物［Z］．国家文物局文物要闻．2018．2．

［15］李坤．当前我国文化遗产创新性保护利用的成就、问题及政策建议［J］．中国文物科学研究．
      2019，（04）．

［16］联合国教科文组织世界遗产中心．实施世界遗产公约操作指南［M］．2017．

［17］国际古迹遗址理事会 ICOMOS．第 17 次全体大会与科学论坛"遗产，发展的驱动力"［R］．
      2011．

［18］Boccardi, G．世界遗产与可持续性：关注世界遗产公约政策和流程中的社会、经济和环境问题
      ［D］．伦敦大学巴特莱特建筑学院．2007．

［19］习近平．巴黎联合国教科文组织总部演讲［Z］．2014．3．

［20］张成渝．国内外世界遗产原真性与完整性研究综述［J］．东南文化，2010（04）．

［21］蔡永海．从"3S"到"3N"看旅游观念的环境伦理价值走向［J］．环境教育．2006，（11）．

［22］中共中央文献研究室．毛泽东年谱［M］．北京：中央文献出版社，2013．

［23］苏航，巩岳. 红色老区，绿色发展——延安市南泥湾开发区规划与实践［J］. 城乡建设.
2020，（07）.

［24］余小勇. 三五九旅开发南泥湾及其现实启示［J］. 前沿. 2011，（12）.

［25］厉新建，张凌云，崔莉. 全域旅游：建设世界一流旅游目的地的理念创新——以北京为例［J］.
人文地理. 2013，28（03）.

［26］韶山风景名胜区总体规划（2018-2035年）［Z］. 2018.

［27］韶山村区域景区详细规划［Z］. 2017.

［28］延安市南泥湾开发区总体规划（2018-2035年）［Z］. 2018.

［29］南泥湾开发区金盆湾359旅旧址及周边区域详细城市设计［Z］. 2020.

［30］湖北红安县红色旅游发展规划（2015-2030）［Z］. 2015.